아름다운 이야기

하나님의 은혜를 입은 어느 노예 상인의 편지

존 뉴턴 지음

조정인 옮김

말씀보존학회

JOHN NEWTON: Letters of a Slave Trader
paraphrased by Dick Bohrer

필그림 시리즈 6

아름다운 이야기:

하나님의 은혜를 입은 어느 노예 상인의 편지

초판인쇄 / 2008년 5월 20일
초판발행 / 2008년 5월 25일
지은이 / 존 뉴턴
옮긴이 / 조정인
펴낸이 / 이송오
펴낸곳 / 말씀보존학회
등록 / 16-223(88.12.12)
주소 / 서울 강서 우체국 사서함 90호
전화 / (02) 2665-3743 · 팩스 / (02) 2665-3302
웹페이지 / www.biblemaster.co.kr ·
E-메일 / kjv@biblemaster.co.kr

값 5,000원

아름다운 이야기

하나님의 은혜를 입은 어느 노예 상인의 편지

이 책을 내면서

이 책은 전직 노예상인이었다가 회심한 목사, 우리에게는 "나같은 죄인 살리신 주 은혜 놀라와"(Amazing Grace)는 찬송시로 익숙한 존 뉴턴의 자서전적 편지를 묶어 놓은 것이다.

젊은 노예상이었던 존 뉴턴은 회심한 후 당시 영국 최고의 복음전도자였던 휫필드와 웨슬리의 사역에게 영향을 받게 된다. 특히 휫필드를 만난 후에는 "작은 휫필드"라고 불릴 정도로 그로부터 많은 영적 영향을 받았다.

1755에 뉴턴은 리버풀 항의 조수간만을 연구하는 직책을 맡아 일을 했는데, 그때 여가를 이용해서 헬라어와 히브리어 등을 공부하고 성경을 체계적으로 공부하게 된다. 이윽고 당시에 잘 알려진 평신도 사역자가 되기에 이르렀다.

이어서 뉴턴은 영국 국교회에서 목사 안수를 받으려 했으나 체스터와 링컨의 감독에게 거절당했다. 이유인즉 뉴턴이 대학을 나오지 않았다는 것이다. 이에 대해 요한 웨슬리는 "이같이 저명한 학자이며 비난할 바 없는 인격의 소유자가 단지 대학을 나오지 않았다는 이유로 안수를 거절당하다니! 이 얼마나 말 같지 않은 일인가!"라고 개탄하기까지 했다. 그러나 국교회에서 뉴턴에게 안수하지 않은 진짜 이유는 그가 휫필드나 웨슬리 같은 복음전도자들과 연루되어 있기 때문이었다. 어떤 국교도의 감독들도 청교도나 감리교도와 연관되어 있는 이 인물에게 안수를 줌으로써 그들과 연루되고 싶지 않았던 것이다.

그때 노스햄톤주(Northamptonshire)의 교구 목사였던 토마스 하웨이스(Thomas Haweis)가 당시 꽤 영향력있는 인물이었던 다트머스(Dartmouth) 백작에게 뉴턴을 소개한다. 그리고 그의 추천으로 뉴턴은 감독들에게 받아들여져 국교도 목사가 된다.

버킹햄주(Buckinghamshire) 올니(Olney)에서 사역하는 동안 뉴턴은 여러 사람에게 많은 편지들을 쓰게 되는데, 그에게 있어서 편지는 단순한 서신 교환이 아니었다. 그의 신앙 간증이며 또한 성경을 가르치는 것이기도 했다. 그는 생각할 수 있는 거의 모든 주제들을 편지에서 다루고 있으며, 특히 매일의 삶에서 하나님과 동행하고 그 은혜 안에서 자라나야 한다는 매우 실제적인 교리들을 다루고 있다. 하나님을 신뢰하기, 설교를 올바르게 듣는 법, 유혹, 논쟁, 가난의 유익함, 하나님과의 교제, 형제사랑, 인생을 올바르게 즐기는 법, 그리스도인의 상업활동, 그리스도인의 인격, 양심, 마귀를 대적하기, 이 세상 삶의 헛됨 등, 이토록 구체적인 모든 것들이 그의 편지들의 주제였다. 따라서 그는 이 "편지 사역"을 매우 중요하게 생각했다.

그 중 이 책은 그가 안수를 받을 수 있도록 인도해 준 하웨이스 목사에게 보낸 편지들인데, 이 "하웨이스에게 보낸 편지 시리즈"는 자서전적인 내용으로 가득차 있다. 그의 어린 시절이 어떠했으며, 어떻게 선원이 되었고, 노예상인으로 어떻게 살았으며, 어떻게 하나님의 은혜를 알고 구원을 받아 변화된 삶을 살게 되었는지를 뉴턴은 하웨이스에게 여러 통의 편지를 통해 간증하고 있는 것이다.

이 자서전적 편지들은 그의 생애 중에 이미 〈믿을만한 이야기, *AN AUTHENTIC NARRATIVE of some remarkable and interesting particulars in the life of John Newton*〉라는 제목으로 출간되기도 했다(1764). 그리고 본서는 뉴턴의 이 자서전적 편지들에다가 리버티 대학의 딕 보러(Dick Bohrer) 박사가 뉴턴의 나머지 생애와 그의 어록들을 추가하여 편집한 책이다.

한 사람의 생애를 인도하신 하나님의 은혜를 생각할 때마다 우리는 그분의 경이로우신 역사 앞에 탄복하게 된다. 특히 큰 죄인을 변화시켜 그분의 일꾼으로 삼으신 역사들을 이야기로 들을 때 그 이야기들은 우리에게서 살아 숨쉬는 간증들이 된다. 왜냐하면 우리모두가 바로 그러한 죄인들이었기 때문이다.

여기에 그 위대한 간증이 있다. 노예상인 출신의 복음전도자, 큰 죄 가운데서 돌이킨 신실한 하나님의 일꾼이 써보낸 이 편지들은 단지 영국 교회의 목사인 하웨이스 한사람에게만 보낸 편지가 아니다. 그 편지는 우리 모두에게 보낸 편지이며,

따라서 우리가 세심하게 읽는다면 이 편지를 통해 뉴턴의 삶이 투영될 것이다. 그리고 우리 역시 그의 삶, 아니 우리 모두의 삶을 통해 역사하시는 하나님의 놀라운 은혜를 찬양하게 될 것이다.

2008년 3월

편집인

서문: 존 뉴턴과 놀라운 은혜

존 뉴턴(1725-1807)은 영국 상선 선장의 아들로 태어났다. 그의 어머니는 그가 일곱 살 생일이 되기 전에 세상을 떠났는데, 그때 그의 아버지는 바다에 있었다.

헤아릴 수 없이 많은 문제를 일으켰던 혼란스럽고 불안한 어린 시절을 거쳐 그는 영국해군에 입대했다. 그러나 군함에서 탈출을 시도하다 체포되고 만다. 아프리카에서는 주인의 흑인 아내에 의해 감금되었는데, 그녀는 그를 노예로 취급했다. 나중에 그는 직접 노예무역에 종사하게 된다. 그의 나이 스물세 살이 되던 해, 사나운 바다폭풍이 치던 날 밤, 마침내 그는 자신의 모든 인생을 하나님께 의탁하게 된다.

새롭게 찾은 신앙에도 불구하고 뉴턴은 1755년까지 노예무역을 계속했다. 그해, 뉴턴은 목사가 되기로 결심하게 된다. 1764년 그는 버킹엄셔 올니의 부목사가 되었고, 15년 후 런던의 세인트 메리, 울노스의 목사가 된다. 목사로 사역하면서 뉴턴은 몇 편의 찬송가를 썼는데, 그 중 몇 작품인 "예수 그 이름 얼마나 달콤한지", "시온성과 같은 교회" 등은 아직도 널리 알려져 있다.

뉴턴은 신앙심 없는 난봉꾼이자 노예 중의 노예였던 그에게까지 미친 하나님의 은혜에 대한 경이감을 결코 잃지 않았다. 아마도 그 경이로움은 그의 가장 잘 알려진 찬송가 "Amazing Grace, 놀라운 은혜"에 잘 나타나 있을 것이다.

놀라워라 그 은혜! 그 얼마나 달콤한지
나 같은 죄인 구하신 그 음성
한때, 나는 잃었던 자였으나 이제는 찾은 바 되었고
눈먼 자였으나 이제는 보게 되었네.

내 마음에 두려움을 가르친 것은 주님의 은혜였고
그 은혜가 내 두려움을 덜어 주셨네.

놀라운 은혜

내가 처음 믿었던 그 때에 나타난
그 은혜 어찌 그리 귀중한지!

온갖 위험과, 수고와 유혹을 지나
나 여기 벌써 다다랐네.
주의 은혜 이제까지 나를 지켜 주셨고
그 은혜 나를 예비한 집으로 인도하시리

우리가 그곳에서 천년만년 지낼 때에
해같이 환하게 빛나리라.
우리가 처음 주를 찬양했을 때보다
더 많은 날들을 주 하나님 찬양하며 보내리.

(현재 우리말로 불려지는 가사, 즉 "나같은 죄인 살리신 주 은혜 놀라와"로 시작되는 가사는 뉴턴의 찬송시 "Amazing Grace"를 곡조에 맞추다보니 의미만 맞춰 다소 의역된 것이다. 여기 제시된 시는 우리가 노래로만 불러서 잘 느끼지 못했던 원래의 느낌을 살리기 위해 역자가 직역해 놓은 것이다. - 편집자 주)

목 차

이 책에 인용된 성경구절은 〈한글킹제임스성경〉입니다.

첫 번째 편지

이 이야기를 쓰는 이유

친애하는 하웨이스에게,

나는 당신이 이 첫 번째 편지에 담긴 행간의 의미를 읽어 주었으면 합니다. 나는 하나님께서 내 인생에 해 놓으신 위대한 일에 대한 이야기를 할 작정입니다. 하지만 자세한 이야기를 함에 앞서 개요적인 내용을 먼저 얘기하고 싶군요.

당신은 이미 신명기 8:2의 하나님께서 이스라엘 백성들에게 주시는 약속이 나오는 대목을 읽고 충분히 묵상했을 것입니다. 기억나십니까? 그들은 광야에서 온갖 시련을 겪고 있었습니다. 하지만 그 시련들은 그들의 사악함과 하나님을 믿지 못하는 불신으로 야기된 것들이었지요. 하나님께서 아무리 그들에게 관대하게 대해 주셔도 그들은 자신들이 왜 그런 고통을 겪는지 이해하려고 하지 않았습니다. 그들은 하나님께서 어떤 선한 의도를 가지고 계셨음을 몰랐던 것입니다.

그때 모세는 하나님께서 이스라엘 백성에게 약속하신 땅에 도착할, 그 행복한 미래의 순간이 다가오고 있다고 말했습니다. 그 곳에서 편히 거하며 모든 문제와 고통들로부터 벗어나 평안을 얻고, 지금 견디기 힘들다고 느끼는 것들을 기쁘게 회상하게 될 것이라고 말했습니다.

모세는 그들에게 이렇게 말했습니다.

『주 너의 하나님께서 이 사십 년 동안 광야에서 너를 인도하셨던 모든 길을 너는 기억하라. 이는 너를 겸손하게 하시고 시험하사 네가 주의 계명들을 지키는지 그렇지 않은지 네 마음속에 있는 것을 알려 하심이니라』(신 8:2).

이 말씀은 우리가 그것들을 영적으로 적용했을 때 진정한 위안을 줍니다. 그것은 이 세상이라는 광야를 지나 천국 같은 카나안 땅으로 향해 가는 모든 이들을 위한 말씀이지요. 흔들리지 않는 왕국에서 영원한 안식을 구하는 사람 누구라도 그의 눈을 오로지 주님께로만 향하고 다른 곳을 보지 않는다면, 삶의 시련들을 이기는 최강의 정복자가 될 것입니다. 비록 우리가 우리 타락한 본성의 모든 약점들을 절감하고 주님이 우리를 다루시는 법을 무지와 불신 속에서 오해한다 할지라도, 그분이 알고 계시는 모든 것을 우리가 알게 된다면 우리는 진정으로 기뻐하게 될 것입니다.

일단 돌아서서 주님께서 이제까지 인도하신 길을 돌아보게 되면, 은혜와 선하심이 우리들의 걸음걸음을 이끌어 주셨음을 알게 될 것입니다. 한때 시련과 악이라고 불렀던 것들이 실상은 그것이 없었다면 어떤 일도 이루어지지 않았을 귀중한 축복이었음을 알게 될 것입니다. 모든 일에는 어떤 이유가 있기 마련입니다. 우리에게 필요 이상으로 빨리 오거나, 더 무겁게 내리누르거나, 더욱 더 오랫동안 지속되는 문제란 없는 것입니다.

하나님께서는 우리를 위해 미리 예비해 두신 선한 길로 우리를 인도하시기 위해 우리가 겪는 많은 시련들을 이용하십니다. 우리가 얻게 될 보답은 "훨씬 뛰어난 영원한 영광의 비중"일 것입니다. 그리고 그것은 우리 주께서 그를 사랑하는 자들을 위해 이미 준비하신 것입니다(고후 4:17).

주님께서 지난 세월을 통해 우리에게 일어나게 하신 모든 일들을 뒤돌아보면, 그분께서는 마치 씨줄과 날줄을 엮어가듯 우리의 인생을 훌륭하게 직조해 오셨다는 사실을 알 수 있습니다. 우리에게 있어 크나큰 은총은 정작 그 일들이 일어나고 있을 때 감히 알아차릴 수조차 없었다는 것입니다. 때때로 우리가 엄청난 위험에서 아슬아슬하게 벗어난 때를 생각해 보면, 그것은 지식에 의한 것도, 우리 자신의 예지의 능력에 의한 것도 아니라는 걸 알 수 있습니다. 그것은 우리의 생각과 욕망을 넘어서는 그분의 중재에 의한 것입니다.

참으로 주께서는 그의 방법으로 사람들을 다스리시고, 그들의 모든 방랑 속에서 보호하시며, 그들이 알지 못하는 방식으로 이끌어 주십니다.

사랑하는 친구여, 나는 믿고 있습니다. 우리 모두가 - 어떤 이들은 다른 사람들보다 더더욱 - 이것이 사실임을 인정할 수 있는 날이 올 거라고 말입니다. 비록 어떤 사람에게 처한 외적 상황들이 그들 주위의 사람들의 것과 그리 다를 바 없다 할지라도, 종종 은밀히 일어나는 내적인 변화들은 - 다른 이들은 도무지 느낄 수 없고, 자기 자신이라도 거의 알아차릴 수 없는 - 하나님께서 그들을 천천히 그분께로 이끄시고 있다는 것을 나타낼 것입니다. 비록 그들이 현재 하나님과 소통하고 사랑하며 죽음으로부터 생명으로 옮겼다는 복된 확신을 가지고 있다고 해도, 그것이 언제 어떤 식으로 이루어졌는지는 정확히 알 수 없는 것입니다.

하나님께서는 그분의 영광과 권세의 깊고 부요함을 보여 주시기 위해서 사람들을 선택하십니다. 그리고 그들이 타고난 반역과 사악함으로 날뛰어도 그냥 두고 지켜보십니다. 어떤 죄인들은 금방 벌을 내리시지만, 어떤 사람은 비록 그들이 아주 흉악한 죄인들이라 해도 목숨을 살려주십니다. 그들의 악명이 극에 달해 응분의 벌을 받아야 할 거라고 모든 사람들이 생각할 때, 하나님께서는 그들을 마치 "불 속에서 끄집어낸 타다 남은 나무 조각들"같이(슥 3:2) 하나님의 자비의 기념비로 세워 주시고 다른 사람들에게 용기와 소망이 되게 하시는 것입니다. 그들은 어느 한순간 확신을 갖고 용서를 받으며 변화하는 것입니다.

그것은 마치 세상을 창조하는 일만큼이나 환상적인 사건입니다. 전적으로 주 하나님께서 하시는 일이며, 편견과 불신으로 눈멀어있는 사람에게도 놀랍기 그지없는 일인 것입니다.

타소 사람 사울은 나사렛 예수를 미워했고 그분의 제자들을 무자비하게 박해했습니다. 그는 예루살렘의 교회들에게 공포의 대상이었고 주님을 사랑하는 사람들을 위협하고 학살하기 위해서 다마스커스로 가려고 했습니다. 그는 스스로 이단 교파를 모두 없앰으로써 하나님의 일을 하고 있는 것이라고 생각했습니다. 자신의 동족을 공포에 떨게 한다는 생각은 그에게 전혀 문제가 되지 않았습니다.

그리고 그때, 사울이 그리도 증오하고 반대했던 우리 주 예수 그리스도께서는 사울의 격노가 절정에 달했을 때 그를 저지하셨습니다. 주께서는 그분의 가장 가혹한 박해자를 사도의 영광으로 부르시고 감화를 주시어 그가 바로 직전까지 그렇게 파괴하고자 했던 그 믿음을 열성과 진정으로 전파하게 하셨습니다.

어느 시대나 다 그런 사람들이 있기 마련입니다. 악을 밥먹듯하고 비열한 삶을 살아가던 사람들도 하나님의 권능의 날에 구원을 받고 변화하여 다른 사람들에게 본이 되고 또 많은 사람들에게 주 하나님의 놀라운 은혜를 찬양할 수 있는 기회를 주게 됩니다.

나는 그런 사람들 중 하나였습니다. 누가복음 7:47에서와 같이 많은 죄를 용서받은 사람이 더 많이 사랑할 수 있듯이 고린도전서 15:10에서 사도 바울은 이렇게 말할 수 있었습니다.

『...내게 주신 그분의 은혜가 헛되지 아니하여 그들 모두보다 내가 더 많이 수고하였으나 그것은 내가 아니요, 나와 함께하신 하나님의 은혜로다』(고전 15:10).

그렇습니다. 수많은 사람들이 주님을 사랑하는 만큼 수고했고, 눈부시게 불타오르는 빛이 되었습니다. 그들의 전향(轉向)은 그때부터 그들이 죽을 때까지의 인생 전체가 변화한 것만큼이나 놀라운 것입니다.

그러나 나의 경우는 그렇지 않았습니다. 나는 나 자신이 너무 수치스럽습니다. 왜냐하면 하나님의 투자에 아주 나쁜 보답을 드렸기 때문입니다. 만일 그 문제가 단지 하나님의 인내와 참을성을 추적해 가거나 나같이 그럴 가치가 없는 인간의 삶에도 도움을 주시는 놀라운 방식을 살펴보는 것 중에 하나라면, 나의 경우보다 더 심한 경우는 없을 것입니다. 하나님께서 내 굳은 마음을 그 은혜의 능력으로 부드럽게 만드셨을 때, 그것은 세상에서 가장 굳은 마음을 부드럽게 하신 것이었습니다.

내 죄를 용서하셨을 때, 하나님께서는 그분의 은혜로 나의 엄청난 죄들을 용서하셨습니다.

몇몇 사람들이 내게 내 이야기를 기록하여 보존하라고 간곡히 권합니다만, 자신의 이야기를 한다는 것이 참으로 부끄럽습니다. 내가 구태여 나에 관한 글을 쓰거나 이야기를 하고 싶지 않은 것은 다른 사람들의 삶에 대해 욕설하기를 좋아하는 사람들이 내 이야기에 대고 많은 욕설들을 해 댈 것이 분명하기 때문입니다.

시편을 쓴 다윗왕은 나에게 이런 종류의 일은 어느 정도 조심하는 마음을 가지는 것이 좋다고 말합니다.

『하나님을 두려워하는 너희야, 다 와서 들으라. 그가 내 혼을 위하여 행하신 일을 내가 선포하리로다』(시 66:16).

그리고 우리의 주님께서는 우리가 가진 진주를 돼지 앞에 던지지 말라고 경고하십니다. 한 그리스도인의 진주들이란 아마도 그 자신의 영과 연관된 일들에서 겪은 주님의 지대한 사랑과 권능의 경험들일 것입니다. 그런 것들은 대중적으로 공개되어선 안 될 것입니다. 그래서 우리가 구원받지 못한 그들의 이해 부족으로 그것을 가볍게 생각할 근거를 주지 않도록 말입니다.

첫 번째 편지, 이 이야기를 쓰는 이유

나는 존경하는 한 친구에게 여덟 통의 편지들을 보냈습니다. 하지만 그 편지들은 사악한 손에 들어가고 말았습니다. 우리 주님께 찬미를 드리고, 또 성도들의 믿음을 세우기 위해서 당신과 또 다른 나의 친구들이 다시 그 편지들을 써 달라고 부탁하였는데 - 네, 저는 기꺼이 다시 쓰겠습니다. 만일 이것으로 하나님께서 영광을 받으신다면, 만일 하나님의 자녀들이 제가 그분의 선하심에 대해 말해야 하는 것들로 위안 받고 가르침을 얻는다면, 그것으로 저는 만족할 것입니다. - 그때 보낸 편지들의 사본을 만들어 두지 않았기 때문에, 저는 그것을 쓰기 위해 기억력에 의존해야 할 것입니다. 제게 있었던 일을 적어가며 하고 있는 이야기에서 벗어날 때가 있더라도 양해해 주시기 바랍니다. 또 때때로 제가 쓰는 글에 대해서 가끔씩 편지를 주시면 고맙겠습니다. 그렇게 한다면 저는 자유롭고 솔직하게 글을 쓸 수 있을 것입니다.

두 번째 편지
나의 청년 시절

친애하는 하웨이스에게,

내 어머니는 내가 일곱 살도 채 되지 않았을 때 돌아가셨습니다. 나는 1725년 7월 24일에 태어났고 어머니가 돌아가신 날은 1732년 7월 11일이었습니다. 그녀의 죽음은 내 인생에 있어 가장 큰 전환점들 중 하나였습니다.

어머니는 언젠가는 내가 목사가 되어 하나님의 일을 하기를 원하셨습니다. 그래서 언제나 나를 그에 합당하게 교육시키려고 노력하셨습니다. 그녀는 경건하고 경험 많은 그리스도인이었으며 신교도였고 나는 그녀의 유일한 자식이었습니다. 몸이 허약하셨고 다소 수줍음이 많은 편이었으나, 나를 가르침에 있어서는 결코 지칠 줄을 몰랐습니다. 나는 세 살도 되지 않아서 유창하게 말할 수 있도록 교육받았고, 네 살이 되었을 때는 어느 책이라도 쉽게 읽을 수 있게 되었습니다. 어머니는 많은 성경 구절과 교리문답서, 그리고 찬송가와 시편들을 내 기억 속에 심어 주셨습니다.

나는 어머니가 나를 가르치려고 하셨던 만큼 배우고자 하는 마음이 있었습니다. 어떻게 된 셈인지, 나는 다른 아이들과 어울려서 하는 소란스러운 놀이들에는 흥미가 없었습니다. 그래서 여섯 살이 되었을 때 라틴어를 배우기 시작했습니다. 하지만 그것에 대해 많이 배울 시간을 갖기도 전에 주님께서는 어머니를 하늘 나라로 데려가셨습니다.

비록 그후 그때 배웠던 것들의 이점을 살리지 못하고 죄를 짓게 되었지만, 어머니가 해주신 교육들은 내게 있어 실질적인 구속으로서의 역할을 했습니다. 그것들은 몇 번이고 내 마음속에 되돌아왔고 그것들을 완전히 떨쳐버리기까지는 그 뒤로도 많은 시간이 걸렸습니다. 마침내 하나님께서 나를 그분께로 이끌어오셨을 때 나는 이루 말할 수 없이 많은 유익을 얻었습니다. 왜냐하면 이미 하나님의 말씀이 내 마음속에 주입되어 있었기 때문입니다.

어머니가 돌아가셨을 때 아버지는 바다에 있었습니다. 아버지는 지중해 무역을 하는 배의 선장이셨습니다. 다음해 돌아온 그는 곧 재혼을 했습니다. 새 어머니는 나의 교육에 별 관심이 없었고, 세속적인 아이들과 놀면서 세속적인 것들을 배우게 하셨습니다. 그녀는 나를 기숙학교로 멀리 보내 버렸는데, 그곳에서 나를 가르쳤던 교사는 나의 정신을 거의 파괴해 버렸고 배우고자 하는 나의 의욕을 거의 다 꺾어 버렸습니다. 그런 곳에서 2년을 머물렀습니다. 그 2년이 거의 다 흘렀을 때쯤 새로운 선생님이 왔습니다. 그는 곧 내가 얼마나 배우는 것을 좋아하는지를 알아보았습니다. 나는 마치 모국어라도 되듯이 라틴어에 다시 빠져들게 되었습니다. 내가 열 살이 되기 전에 이미 키케로(Cicero)나 버질(Virgil)의 라틴어 작품을 읽고 있었습니다. 하지만 그 선생님은 나를 너무 빨리 밀어붙였고, 여러 해가 지나고 다시 라틴어를 접하게 되었을 때 나는 내가 배운 모든 것이 다 사라져 버린 것을 알게 되었습니다.

열한 살이 되고 아버지는 나를 바다로 데리고 가셨습니다. 그는 분별력이나 여러 양식 등이 뛰어나고 세상에 대한 지식이

풍부한 분이셨습니다. 아버지는 저의 행실이나 도덕에 많이 신경 쓰셨지만, 결코 어머니처럼 되지는 못했습니다. 그는 스페인에서 자라며 태도에 있어 거리감과 엄격함을 지니도록 배웠습니다. 나는 항상 그런 아버지가 무서웠고 어떤 위압감을 느꼈습니다. 나는 어떠한 경우라도 아버지와 같은 사람이 되고 싶지 않았고, 그래서 아버지는 나에게 그리 큰 영향을 주지 못했습니다.

열두 살 때, 나는 말을 타다 떨어져 하마터면 새로 자른 생울타리 가지에 찔려 죽을 뻔한 적이 있었습니다. 나는 죽음을 모면한 것이 기적이라고 생각할 수밖에 없었습니다. 또 내 양심은 그렇게 죽었더라면 어디로 갔을까 하는 생각으로 계속 바늘처럼 마음을 찔렀습니다. 그후 얼마간 나의 행동은 얌전해졌습니다. 하지만 곧다시 은밀한 죄들에 탐닉하기 시작했습니다. 이렇듯 나는 죄와 양심 사이의 치열한 싸움을 자주 반복했지만, 매번의 재타락은 나를 사악함의 심연으로 더더욱 빠져들게 하였습니다.

열다섯 살이 되고 몇 달이 흘렀을 때, 나는 스페인의 알리칸트에서 일할 수 있는 일생일대의 기회를 잡게 되었습니다. 하지만 나의 행실이 너무 변덕스럽고 제멋대로였기 때문에 곧 그 자리는 다른 사람에게로 가 버리고 말았습니다.

이때 신앙은 나에게 아무런 영향도 행사할 수 없었고, 나는 모든 악한 영향들을 열성적으로 받아들이기에 이르렀습니다. 독서를 좋아한 까닭에 때때로 좋은 책을 읽을 때도 있었습니다. 그중 하나인, 베닛의 〈그리스도인의 기도실, *Christian's Oratory*〉은 내 마음을 끄는 삶의 방식을 제시해 주었습니다. 나는 기도를 시작했고 성경을 읽었으며 일기를 썼습니다. 하지만 어느 것도 확고한 기반을 잡지 못했습니다. 나는 곧다시 다른 악한 것들에 빠지게 되었고 이전보다 더욱 악하게 되었습니다. 나는 기도 대신에 욕설과 온갖 신성모독의 독설들을 배우게 되었습니다.

한번은 아주 친한 친구를 잃고 나 자신의 사악함으로부터 각성하는 계기를 얻었던 적이 있었습니다. 우리는 어느 주일날 군함으로 몰래 숨어 타기로 뜻을 모았습니다. 하지만 내가 약속 장소에 너무 늦게 나왔고, 나를 빼고 내 친구와 다른 몇 명은 이미 보트를 저어 출발해 버렸습니다. 그 보트는 뒤집히고 말았고 내 친구와 배에 탔던 모든 사람들은 다 익사하고 말았습니다. 그때 내 목숨이 보호되었다는 사실이 마음속 깊이 나를 감동시켰습니다. 하지만 이것 역시 얼마 지나지 않아 곧 잊혀 버리고 말았습니다. 내 생각으로는, 내가 16살이 되기 전 서너 번의 다른 경험으로 바른 신앙생활을 하리라고 결심했다가 곧 포기하곤 했던 것 같습니다. 하지만 나의 마음은 거짓투성이었습니다.

나는 신앙의 필요성을 지옥을 피하는 수단으로만 보았습니다. 하지만 나는 죄를 사랑했고, 죄의 행실을 그만두고 싶지 않았습니다. 내가 생각하기에 사악하고 내 의무와 정반대의 일을 하려고 결심했을 때 나는 먼저 기도를 했습니다. 한편으로는 그 악한 일이 지체되는 매분 매초가 너무 아까웠지만 기도가 끝날 때까지 나 자신을 자제시켰습니다. 하지만 일단 기도가 끝나면 나는 나의 어리석은 계획으로 다시 돌진하곤 했습니다. 이처럼 나는 정말 삐뚤어져 있었습니다.

나의 마지막 개심(改心)은 가장 두드러진 것이었습니다. 나는 바리새인 같은 삶을 살았습니다. 하나님의 의는 전혀 알지 못하고 신자(信者)에게 기대되어지는 모든 일들을 행하기만 하며 오히려 자기 자신의 의만 세우는 짓만 했습니다. 나는 매일 아주 긴 시간을 성경을 읽으며 묵상하고 또 기도를 하며 보냈습니다. 그리고 종종 금식을 하며 석 달간 동물성 음식을 전혀 먹지 않기도 했습니다. 어리석은 말을 할까 하여 누가 물어도 대답을 잘하지 않았고, 이전의 행실에 대해 종종 눈물을 흘리며 통곡하곤 했습니다.

나는 금욕주의자가 되어 유혹을 피하기 위해 스스로 사회와 단절했고, 중단없이 2년 넘게 그렇게 살았습니다. 이것은 정말 불쌍한 신앙이었습니다. 이것은 여러 가지 면에 있어 나를 죄의 영향 아래에 처하도록 만들었으며, 우울하고 어리석고 사람 만나기를 꺼리는 쓸모없는 인간으로 만들어 놓고 있었습니다.

내 마음의 상태가 그러했을 때, 나는 셰프테스베리 경(1671-1713)의 〈특성, *Characteristics*〉이라는 책에 관심을 갖게 되었습니다. 사실 나는 곧 그 책에 끌려 버리고 말았고, 그가 쓴 산문의 문체와 방식에 매력을 느꼈습니다. 특히 그 책에 실린 두 번째 글인 「광시곡, *A Rhapsody*」은 나를 완전히 매료시켰습니다. 그 어떤 글도 이 화려한 웅변조의 글만큼 내 감상적인 마음에 들어맞는 것은 없었습니다. 나는 열광적으로 그의 철학을 받아들였습니다. 이것이 나를 어디로 이끌어 갈 것인지는 생각하지도 않았습니다. 나는 이 책의 저자야말로 가장 훌륭한 신앙인이라고 생각했던 것입니다. 그를 따라하는 것은 너무 행복한 일이었습니다. 그 책은 항상 내 손에 쥐어져 있었습니다. 얼마나 자주 읽었던지 그것을 거의 문자 그대로 정확히 암송할 정도였습니다. 어떠한 즉각적인 반응은 없었지만, 이것은 내 마음속에서 느리게 퍼져가는 독약처럼 그 뒤로 일어났던 모든 일들의 길을 예비하고 있었습니다.

1742년 12월, 나는 항해를 마치고 집으로 돌아왔습니다. 후에 바다로 다시 돌아갈 계획이었지만 아버지는 다른 생각을 가지고 계셨습니다. 나는 사업에 아무런 관심도 없었고 그런 세상의 방식에 대해서는 아는 것도 거의 없었습니다. 나는 몽상가였고 명상적인 생활이 좋았습니다. 종교와 철학과 게으름을 다 합쳐 놓은 그런 것 말입니다. 새벽 5시에 일어나 출근하는 것은 무엇보다도 싫었습니다.

결국 아버지의 한 친구 분이 나를 자메이카로 보내주면 잘 지내도록 돌봐 주겠다고 제안하셨습니다. 나는 이 제안에 동의했고 그 다음 주에 떠날 예정이었습니다. 그때 아버지는 사업상의 일로 메이드스톤에서 몇 마일 떨어진 곳의 켄트라는 도시로 나를 보내셨습니다.

단지 3,4일에 불과한 이 짧은 여행은, 마음속에 갑작스럽고 놀라운 전환의 불씨를 붙여 놓았고 나로 하여금 게으름으로부터 완전히 자각하도록 만들었습니다.

『오 주여, 인생의 길이 그 사람 안에 있지 아니함을 내가 아나이다. 그의 걸음을 인도하는 것이 걷는 그 사람 안에 있지 아니하나이다』(렘 10:23).

세 번째 편지
선원으로서의 내 초년의 삶

친애하는 하웨이스에게,

내가 찾아가서 만난 사람들은 어머니의 가까운 친구들이었습니다. 아버지가 재혼을 하신 후, 우리에 대한 그들의 관심이 식었기 때문에 나는 여러 해 동안 그들에 대한 소식을 듣지 못했습니다.

사실 난 딱히 어머니의 친구들을 만나러 가는 일에 관심이 없어 들르지 않고 지나칠 뻔했습니다. 하지만 결국엔 그들을 찾아가게 되었습니다. 그들은 첫눈에 나를 알아보았고, 고인이 된 소중한 친구의 아들에게 줄 수 있는 가장 따뜻한 환영을 해 주었습니다. 그들에게는 두 명의 딸이 있었는데, 맏딸은 - 몇

해가 지나서 알게 된 사실이지만 – 태어날 때부터 우리 어머니와 그녀의 어머니가 내 장래의 배필로 생각해 두었던 사람이었습니다. 어머니가 생각했던 일이 실제로 일어났는지에 대해서는 말하지 않겠습니다만, 그것을 알게 되었을 때 나는 이 모든 일에는 뭔가 놀라운 일이 있다는 것을 직감했습니다. 물론 두 가족들 사이의 어떠한 약속도 아주 오래전에 깨졌었고 조금 뒤면 먼 외국으로 떠날 예정이었으며 단지 작별을 고하기 위해 그들을 방문했을 뿐이었습니다.

그러나 그녀를 처음 보았을 때(그녀는 나보다 네 살이 어렸습니다.) 내 가슴속에서 단 한순간도 희미해지거나 그 영향력을 잃지 않았던 애정을 느꼈습니다. 그 사랑은 로맨스 소설가들이 상상했던 것만큼이나 강렬한 것이었습니다. 나는 이것이 영원히 지속되리라는 것을 알았습니다.

비록 나는 곧 모든 신앙심을 잃어버리고 양심의 어떠한 경고와 주의도 들을 수 없는 귀머거리가 되었지만, 그후 7년 동안 내가 겪었던 어떠한 고통도 나의 의식으로부터 그녀를 단 한순간도 지울 수 없었습니다. 그만큼 격렬하고 지배적인 열정이 아니었다면 내가 빠져들었던 우울함으로부터 나를 깨워낼 수 없었을 것입니다. 그리고 후에 나 스스로 믿음과 희망과 양심을 다 파괴해 버렸을 때 그녀를 향한 나의 사랑만큼은 어느 정도라도 그 자리를 잃지 않고 남아 있었던 단 하나의 도의(道義)였습니다. 그녀를 다시 볼 수 있을 것이라는 그 희박한 가능성이 내 자신과 다른 이들에게 행할 그 죄악들을 범하지 않도록 억제해 주는 유일한 방편이었습니다.

연애기간이라는 것은 보통 재미있고 유쾌한 시간 - 서로 간의 애정, 둘 사이의 교제에 대한 친구들의 인정, 그리고 손꼽아 기다리게 되는 데이트 - 이기 마련입니다. 특히 그것이 하나님의 뜻과 그분에 대한 경외감에 의해 지배되는 것일 때 말입니다. 그러나 나의 마음을 그녀의 친구는 물론, 내 친구에게도 말할 수 없었고 그녀에게조차도 오랫동안 말할 수 없었습니다. 나는 어떠한 프로포즈도 할 수 없었고, 어느 누구에게 어떠한 암시라도 줄 수 없었습니다. 왜냐하면 어두운 불길이 내 마음속에 갇혀 있었기 때문입니다. 그것은 내 가슴속에 끊임없는 불안을 주고 내 신앙을 엄청나게 약화시켰던 그 불꽃이었습니다. 사실 그것은 내 사생활에 있어서 모든 종류의 어리석음의 길을 열어 주었습니다. 비록 그녀를 향한 나의 사랑이 그녀가 나를 자랑스러워하도록 위대한 일들을 하게 만드는 동기처럼 보였지만, 실제로 그것이 – 끝까지 철저히 확인해 본다면 – 나를 더 나은 사람으로 만들지는 못했습니다. 오오, 나는 대단한 결심들을 품고 있기는 했어도, 그것들 중 무엇 하나 결실을 맺었던 것은 없었던 것입니다.

그러나 나는 결국 자메이카와 같은 먼 곳에서 4년이나 5년을 사는 것이 내게는 절대로 불가능한 일이라는 것을 깨닫게 되었습니다. 그래서 나는 그곳에 가지 않으리라 결심을 했습니다. 하지만, 아버지에게 진짜 이유를 말씀 드리거나 거짓말을 하는 것이 두려워 결국 아무 말씀도 드리지 않고 켄트에 3일 대신 3주를 머물렀습니다. 내 계산으로는, 런던으로 돌아갈 때쯤 배는 이미 떠났을 것이고 내가 계획해 왔던 그 기회는 물거품처럼 사라져 버릴 것이었습니다.

내 예상은 맞았습니다. 런던으로 돌아갔을 때, 나의 불복종 때문에 아버지가 정말로 화가 많이 나셨다는 것을 알게 되었습니다. 하지만 그것이 내가 예상했던 것만큼은 아니었습니다.

그후 얼마 지나지 않아 나는, 아버지의 한 친구 분과 함께 베니스로 항해를 떠나게 되었습니다. 분명히 갑판의 하급 선원들이 최고의 예절과 질서의 모범을 보여 주는 것은 아니었습니다. 하지만 그들과 함께 지내는 것은 재미있는 일이었습니다. 나는 지난 2년간 키워왔던 건전한 자기 절제로부터 느슨하게 풀리기 시작했습니다. 비록 그것들을 멈추어 보려는 몇 번의 미약한 노력을 하기도 했었지만 이번의 타락으로부터는 이전에 그랬듯이 결코 회복되지 않았습니다. 이제 나는 하나님께 대한 완전한 배신으로 성큼성큼 걸어가고 있었던 것입니다.

내가 얻었던 가장 놀라운 - 그리고 최후의 - 경고는 비록 오래 지속되진 않았어도 내게 아주 강렬한 인상을 준 꿈이었습니다.

꿈의 배경이 된 장소는 우리가 거하고 있던 베니스의 바로 그 항구였습니다. 내 기억으로 그때는 밤이었고 내가 갑판에서 불침번을 서야 할 차례였습니다. 혼자서 갑판 위를 앞뒤로 왔다 갔다 하고 있었을 때, 한 남자가 잘 보관하라는 분명한 명령과 함께 반지를 하나 가져다 주는 것이었습니다. 그리고 그는 만일 그것을 잘 지키고 있는 동안에는 행복하고 성공적인 삶을 살 것이지만, 혹시라도 잃어버리는 날에는 불행과 고통만이 기다리고 있을 것이라고 내게 이야기해 주었습니다.

나는 그가 말한 조건들과 함께 그 선물을 기꺼이 받아들였습니다. 그것을 정말로 좋아하게 될 것을 알고 이제 내가 행복을 얻게 된 것이라고 즐거워하면서 말입니다.

그런 다음에, 두 번째 남자가 내게로 와서는 내 손의 반지를 가리키며 물었습니다. 나는 즉시 그에게 그 반지의 가치에 대해 이야기해 주었습니다. 그러자 그는 내가 한낱 반지로부터 그런 것들을 기대할 정도로 거짓말에 잘 속아 넘어가는 사람이라는 사실에 깜짝 놀랐다고 말했습니다. 그와 나는 얼마간 논쟁을 벌였고 자꾸만 그는 나에게 그 반지를 던져 버리라고 권했습니다.

처음에 나는 반지를 버리라는 그 제안에 깜짝 놀랐습니다. 하지만 그는 내가 얼마나 어리석었는지를 계속해서 이야기했고, 서서히 그가 해 준 말들을 상기하여 반지에 대한 처음의 이야기를 의심하기 시작했습니다. 결국 나는 반지를 손가락에서 뽑아 바다 속으로 던져 버렸습니다.

그 순간, 어마어마한 산불이 베니스의 뒤편으로 조금 떨어진 산악지역에서 일어났습니다. 나는 화염에 휩싸인 산들을 마치 깨어있듯이 또렷하게 보았습니다.

뒤늦게 나는 얼마나 어리석었는가를 깨닫게 되었습니다. 나를 유혹했던 자는 모욕적인 비웃음과 함께 내가 고의로 던져버린 그 반지 속에 하나님께서 나를 위해 예비하신 모든 은총이 담겨 있었음을 알려 주었습니다. 그는 내가 그와 함께 저 불타는 산으로 가야 한다고 말했습니다. 그리고 내가 보고 있던 그 불길의 원인이 바로 나라고 했습니다. 나는 엄청난 고뇌로 몸이 떨려왔습니다. 하지만 꿈은 계속되었습니다.

스스로를 책망하며 절망하고 서 있었을 때, 세 번째 사람 - 어쩌면 처음에 그 반지를 내게 가져다 주었던 사람이었는지 누구인지는 분명하지 않습니다. - 이 내게로 와서 슬퍼하는 이유를 물었습니다. 나는 그에게 숨김없이 자백했습니다. 고의로 내 자신을 파멸시켰고 어떠한 연민도 받을 가치가 없다고 말입니다.

그는 나의 어리석음을 야단치며 반지를 돌려받으면 다음 번에는 좀더 현명할 수 있느냐고 물었습니다. 나는 그 반지가 영영 사라져 버렸다고 생각하고 있었습니다. 순간 그는 내가 대답할 겨를도 없이 반지를 던져 버린 그 지점으로 몸을 던졌습니다. 그리고 잠시 후 반지를 가지고 돌아왔습니다.

그가 갑판에 올라섰을 때 산을 태우고 있던 불꽃들은 모두 꺼져버렸습니다. 그리고 이전에 나를 찾아왔던 그 사악한 유혹자는 이미 떠나고 없었습니다. 나는 감사와 기쁨으로 반지를 되받기 위해 손을 펼쳐 나의 관대한 구원자에게로 다가갔습니다. 하지만 그는 다시 내게 그것을 돌려주기를 거부했습니다.

그는 이렇게 말했습니다.

"만일 이 반지가 다시 당신에게 맡겨진다면, 당신은 또다시 똑같은 고뇌를 겪게 될 것이오. 당신은 이것을 간직할 수 없소. 그래서 내가 당신을 위해 보관해 주겠소. 그리고 당신이 이 반지가 필요할 때마다 내가 그것을 꺼내 보이리다."

나는 소스라치도록 놀라서 잠에서 깨어났습니다. 이삼 일간 먹지도 자지도 일을 하지도 못했습니다.

그러나 그 영향은 얼마가지 않아 점점 사라지고, 나는 그것을 곧 완전히 잊어버리게 되었습니다. 그것은 몇 년이 지나도록 다시 내 마음에 떠오르지도 않았습니다.

비록 그때는 몰랐지만, 그 꿈에 제시된 상황과 거의 흡사한 상황에 내가 처했다고 느낄 순간은 곧 다가올 것이었습니다. 내 마음이 열려 있었다면 고의로 신앙을 버리고 그 복잡한 범

죄들에 관여되도록 유혹하는 거대한 적을 알아보았을 것입니다. 그가 나의 고뇌를 즐기고 내 영혼을 붙잡아 그만의 고통의 장소로 데리고 가는 허락만을 기다리고 있다는 것을 깨달았을 것입니다.

나는 또한 내가 이전에 그리도 박해하고 저항했던 예수님을 만났을지도 모릅니다. 나의 대적을 꾸짖으시고 그분을 위해 나를 내어달라 하시는 예수님을 말입니다. 예수님께서는 불붙는 나무에서 타고 있는 나무 조각을 뽑아내시듯이(슥 3:2) 나를 구원하시고 사탄에게 선포하셨을 것입니다.

"멸망의 구렁으로 가는 길로부터 그를 풀어 주라! 내가 그의 죄를 속량했노라."

비록 나의 눈은 열리지 않았지만 나는 은총을 얻었습니다. 내가 고뇌 속에 빠져 있을 때 주님께서 그 답을 주시는 그런 때가 올 것이었습니다. 그 반지 (혹은 그것이 의미하는 것)를 되찾아 주신 예수님께서는 그것을 맡아 주신다고 약속하셨습니다. 나중에 나는 이것으로부터 말로 다 설명할 수 없는 위안을 얻었습니다. 나는 내 자신이 지키는 것이 아니었습니다.

"내 주는 나의 목자시니."

나는 내가 믿는 분이 누구인지 알고 있었습니다. (『그런 연유로 내가 이러한 고난을 당해도 부끄러워하지 아니하노니, 이는 내가 믿은 분을 알고, 내가 위탁한 것을 그 날을 대비하여 그분께서 능히 지키실 줄을 확신함이라.』, 딤후 1:12) 나는 나의 목자를 신뢰하게 되었습니다. 사탄은 여전히 나를 밀처럼 키질하려고 소유하려 하지만 나의 구원자 예수 그리스도께서는 내 믿음이 무너지지 않도록 기도하고 계셨습니다. (『또 주께서 말씀하시기를 "시몬아, 시몬아, 보라, 사탄이 너희를 밀처럼 키질하려고 찾았느니라』, 눅 22:31)

그분은 나의 안위요 힘이며 지옥문이 미치지 못하는 튼튼한 보루이십니다. 그렇지 않다면 처음 구원을 받은 뒤 여러 번이나 나 자신을 파멸시켰을 것입니다. 나는 쓰러지고 넘어지기 마련입니다. 주님의 신실하심이 나를 위해 활동하시지 않았다면 나는 죽어버렸을지도 모를 일입니다. 그는 나의 태양이시요 방패이십니다.

『주 하나님은 태양이시요, 방패시니 주께서 은혜와 영광을 주시며 정직하게 행하는 자들에게 좋은 것을 아끼지 아니하시리이다』(시 84:11).

"오 내 혼아, 주 하나님을 송축하라."

남은 항해 기간 동안 그렇게 대단한 일은 일어나지 않았습니다. 나는 1743년 12월에 집으로 돌아왔습니다. 그리고 곧다시 켄트로 향했습니다. 그러나 그곳에서 너무 오랫동안 머물러 또 다시 아버지를 화나게 만든 나머지, 아버지는 나와의 부자관계를 거의 의절하다시피 하셨습니다.

내게 천직이 될 만한 적합한 일이나 기회가 열리기 전에, 나의 또 한 번의 어리석음으로 그만 군에 잡힌 몸이 되었고 어느 군 보급선에 오르게 되었습니다. 프랑스 함대가 영국해안에 나타나면서 군사적 긴장감이 악화되었고 아버지는 나를 석방시킬 수 없었습니다. (역자 주: 당시 영국에서는 범죄를 저지르거나 아주 가난한 경우에 자의든 타의든 해군에 입대하여 박봉과 노고에 시달려야 하는 경우가 흔했다. 이들의 삶은 노예와 다름 없는 것이었다.)

며칠 후 나는 하위치라는 배로 이송되었고 그곳에서 완전히 새로운 삶의 국면으로 접어들게 되었고 약 한 달 동안 엄청난 고난을 겪어야 했습니다.

아버지께서는 결국 내가 해군에 머물도록 그대로 두기로 결정하셨습니다. 전쟁이 언제 발발할지 몰랐기 때문입니다. 그는 추천장을 얻어 내가 탄 배의 선장에게 보내셨고, 추천장을 받은 그 선장은 나를 해군소위 후보생으로 진급시켰습니다. 이제 나는 좀더 편하게 생활할 수 있게 되었고, 만일 나의 행동이 달랐더라면 선임들로부터 존중과 관심을 받을 수 있었을지도 모릅니다. 하지만 그 대신 나는 나의 도덕성을 완전히 파괴시키는 동료들과 어울렸습니다. 외적으로 나는 조심성 있고 예의 바르게 보였지만 내적으로는 사악함이 나의 기쁨이자 습관적 관행이었습니다.

내가 가장 가깝게 지낸 친구는 도덕관념이 거의 없는 쾌활한 젊은이였습니다. 그는 논쟁으로 나를 압도하거나 가장 그럴싸한 방식으로 나를 감동시키는 법을 알고 있었습니다. 그와 함께 있는 것은 재미있었습니다.

그는 내가 가지고 있는 몇 권의 책들에 관심을 보였습니다. 그리고 나는 그에게 내가 얼마나 박식한지를 보여 주고 싶어 안달이 났습니다. 그는 곧 아직 그가 무너뜨리지 못한 도덕적 윤리들이 내게 있음을 알아차렸고 나의 신뢰를 얻기 위한 계획에 착수했습니다. 처음에 그는 종교에 대해 다소 호의적으로 이야기를 했습니다. 하지만 곧 세프테스베리 경이 쓴 <특성, *Characteristics*>이라는 책에 내가 빠지게 된 것을 서서히 공격하기 시작했습니다. 그는 나와 논쟁을 벌였고 애당초 내가 그 책을 제대로 이해한 적이 없었다고 납득시켰습니다. 곧 그는 내가 완전히 그렇게 확신하도록 만들었고 나는 열심히 그가 이끄는 대로만 따라갔습니다. 지금 생각하건대 그때의 내 모습은 막 폭풍우가 불어 닥치려 할 때, 항해를 나서는 경솔한 뱃사람과 같았습니다. 다른 모든 위안이 다 내게서 사라져 가면서, 나는 복음의 위안과 희망들을 모두 단념해 버렸습니다.

후에 리스본으로 가는 항해에서, 그 친구가 탄 배가 폭풍을 만나게 되었습니다. 다행히 그 배와 다른 사람들은 폭풍을 벗어날 수 있었지만, 그 친구는 뱃전을 넘어온 거대한 파도에 실려 영영 사라져 버리고 말았습니다.

1744년 12월 하위치호는 항구에 정박하고 있었지만 동인도 지역으로의 여정이 예정되어 있었습니다. 선장은 나에게 육지에서 하루 동안 지낼 수 있는 자유를 주었습니다. 나는 나중의 결과는 생각지도 않은 채 말을 빌려 타고서 내 사랑하는 여인에게 마지막 작별인사를 하기 위해 달렸습니다. 그곳에 머무는 내내 내가 돌아갔을 때 겪을 곤경 속으로 점점 더 깊이 빠지고 있음을 알고 있었습니다. 그녀와 머물렀던 짧은 시간은 꿈처럼 지나갔습니다. 나는 새해 첫날이 되어 복귀했습니다. 그리고 선장에게 그렇게 무단으로 복귀하지 않았던 것에 대해 용서를 구했습니다. 비록 그가 나의 잘못을 용서하기는 했지만 이렇게 어리석은 짓을 한 것이 처음은 아니었으므로 나는 그의 신뢰를 완전히 잃어버리게 되었습니다.

마침내 항해를 출발하게 되었을 때, 우리들은 아주 큰 선단과 함께 항구를 빠져 나왔습니다. 다음 날 밤, 바다로 나오는 과정에서 우리는 몇 척의 배를 잃었습니다. 남쪽에서 올라온 폭풍우는 콘월의 해안을 덮쳤고, 어두운 밤에 그렇게 많은 배가 좁은 공간을 빠져 나오려니 엄청난 혼란과 피해가 속출했던 것이었습니다. 내가 탄 배는 몇 번이나 다른 배들과 충돌할 뻔했지만 무사히 탈출했습니다. 피해를 입은 배들이 너무 많아서 우리는 플리머스로 일단 물러나야만 했습니다. 그곳에 있는 동안 아버지가 인근의 도시에 오셨다는 것을 알게 되었습니다. 아버지는 그때 다른 선박회사에 연줄이 있었고, 만일 내가 아버지를 만난다면 다른 배에 자리를 봐 주실지도 모른다는 생각을 하게 되었습니다. 다른 배에서 일하는 것이 하위치호를 타고 동인도제도로 가는 불확실한 항해를 하는 것보다 나을 것이라는 판단이었습니다.

그때는 내가 원하는 것들에 대해 두 번 생각하지 않는 것이 일종의 삶의 원칙과도 같았습니다. 이미 그런 생각을 하기 무섭게 어떤 대가를 치러서라도 하위치호를 떠나겠다고 마음먹고 있었습니다. 어리석게도 내가 늘 그렇듯 그 일을 저지르고야 말았습니다.

어느 날 나는 다른 나머지 병사들이 탈영을 하는지 감시하기 위해 작은 보트를 타고 가도록 지시를 받았습니다. 하지만 난 그 신뢰를 배신하고 그 길로 도망쳐 버렸습니다. 어느 길로 가야 할지도 몰랐고 탈영병으로 의심받을까 두려워 감히 물어보지도 못했습니다. 하지만 나는 영국의 지리에 대한 대체적인 개념을 잡고 있었고 추측도 맞아떨어졌습니다. 몇 마일을 더 가서 물어보고 난 뒤 나는 내가 다트머스로 가는 길에 있다는 것을 알게 되었습니다.

하루가 지나고 이틀이 되어도 모든 것이 순탄하게 흘러갔습니다. 그러나 아버지가 계신 곳으로부터 두 시간 거리가 되는 곳에 도달했을 때, 나는 적은 무리의 군인들과 마주치게 되었습니다. 그들을 피하거나 속일 수는 없었습니다. 그들은 내가 탈영병이라는 것을 이미 알고 있었습니다. 그들은 나를 플리머스까지 죄수처럼 호송하여 걸어왔습니다. 나는 어쩔 줄을 몰랐고 이루 말할 수 없는 수치심과 극심한 공포를 느꼈습니다. 그들은 나를 이틀간 영창에 가둔 뒤 하위치호로 돌려보냈습니다. 그리고 그곳에서 맨 먼저 수갑이 채워지고 모든 사람들 앞에서 옷이 벗겨진 뒤에 채찍질을 당했습니다. 마지막으로 나는 강등되었습니다.

이전의 모든 동료들이 나에게 최소한의 배려라도 보이는 것을 금지 당했습니다. 그들은 심지어 내게 말을 걸 수도 없었습니다. 난 소위 후보생으로 어느 정도 권위를 가지고 있었고 그것을 행사하는 것에 거리낌이 없었습니다. 하지만 이젠 가장 낮은 위치로 떨어져 버렸고 모든 사람들의 웃음거리가 되고 말았습니다.

바로 그 순간의 상황이 나빴다고 말한다면, 나의 미래는 더더욱 비참했다고 말해야 할 것입니다. 내 친구들이었던 간부들과 동료 선원들은 내가 겪는 학대들로부터 나를 보호할 수 없었습니다. 만일 벌을 받고 있는 사람에게 위로를 한다면 명령 불복종의 죄를 감수해야 한다는 것을 그들이나 나나 잘 알고 있었습니다. 선장은 나로 인해 얼마나 분노했는가를 몇 번씩이나 보여 주었습니다. 그리고 그 항해는 장차 5년간 지속될 것이었습니다.

나는 완전히 비참한 상태에 빠져 있었습니다. 매시간 새로운 모욕과 고난이 닥쳐왔습니다. 아무런 위로나 희망도 없이, 그리고 내 불만을 들어주거나 내 편이 되어 줄 친구도 없이 말입니다. 그리고 더욱더 나를 괴롭혔던 것은, 내가 느꼈거나 두려워했던 그 어떤 것보다도 그토록 사랑했던 여자와 더욱 멀어져 가고 있다는 사실이었습니다. 혹시라도 그녀가 그런 나의 처지를 알았다면, 결혼할 희망을 품고 내가 그녀에게 다시 돌아가는 것은 완전히 불가능했을 것입니다.

내가 대면한 거라곤 어두움과 비참함밖에 없었습니다. 자신의 양심이 하나님의 격노로 인해 상하게 된 사람을 제외하고는, 나보다 더 두려움을 느낄 수 있었던 사람은 없었을 것이라고 확신합니다. 떠나는 뱃전 너머의 영국 해안선들을 마지막으로 바라보며 내 마음을 채웠던 간절함과 회한을 차마 말로 다

형용할 수가 없었습니다. 나는 그것이 사라질 때까지 눈을 떼지 않았습니다. 더 이상 보이지 않게 되자, 내 모든 슬픔을 한번에 끝내기 위해 바다로 몸을 던지고 싶은 충동을 느꼈습니다. 하지만 하나님의 보이지 않는 손은 나를 잡아 주셨던 것입니다 .

네 번째 편지

아프리카로의 첫 항해

친애하는 하웨이스씨,

내 연애시절에 대한 좀더 자세한 설명을 부탁하셨군요.

그러면 내가 영국을 떠날 때 우리를 둘러싼 상황이 어떠했던가를 말씀드리겠습니다. 내가 메리에 대해 아주 깊은 관심을 가지고 있다는 사실을 그녀의 부모님들이 알게 되었을 때, 그들 중 어느 누구도 그것을 심각하게 생각하지 않았습니다. 이것은 내 친구들이 차 탁자에서나 나누는 잡담거리에 지나지 않았고 더 진전되리라 기대되지도 않았습니다. 하지만 2년이 지나서도 그녀를 향한 나의 간절함이 전혀 줄어들지 않자, 그리고 특히 그 사실이 나로 하여금 다소 성급한 행동을 하도록 자극하였으므로, 그녀의 가족들은 그녀와 결혼하려는 나의 의도를 심각하게 고려하기 시작했습니다. 그들은 내 아버지와의 사이에 존재하고 있는 냉담함에 대해 충분히 의식하고 있었고 아버지가 이 문제에 대해 전혀 듣지 못했다는 것을 정확히 알고 있었습니다.

내가 마지막 작별을 고했을 때 그녀의 어머니는 마치 친자식에게 하듯이 가득한 애정을 가지고 나에게 말했습니다. 그녀의 말은 우리 둘 다 좀더 나이를 먹고 나면 서로 함께할 수 있는 아주 실질적인 가능성이 있을지도 모른다는 것이었습니다. 하지만 상황이 상황이니만큼 그녀는 우리들의 문제에 간섭을 해야겠다고 생각했습니다. 그녀는 자신의 딸이 집을 멀리 떠나 있는 경우가 아니라면 내가 다시 돌아오는 것을 바라지 않는다고 말했습니다. 그런 상황은 내가 그녀를 포기하거나 아니면 우리 사이를 계속 이어가도 좋다는 아버지의 허락이 내려져 그녀의 어머니를 확신시킬 때까지는 지속될 것이었습니다.

모든 것이 정말 힘들었습니다. 메리는 어렸고 명랑했으며 사랑의 문제에 있어서는 순진했습니다. 그녀는 어떤 희망을 주지도 나를 거부하지도 않았지만 나는 그녀가 항상 경계를 늦추지 않고 있음을 알 수 있었습니다. 그녀는 자신이 나를 지배할 수 있는 어떤 힘을 가지고 있음을 알고 있었고 그것을 적절하게 쓸 수 있을 만큼 영리했습니다. 그녀는 나의 암시를 이해하려 들지도 않았고 직접적으로 설명할 시간도 주지 않았습니다. 몇 년이 지나고서 그녀가 내게 이야기를 해주었는데, 자신을 향한 나의 애정을 알게 된 순간부터 그런 생각은 그녀에게 아주 기분 좋은 것이었다는 겁니다. 그녀는 설명할 순 없지만 종종 내 사람이 되는 느낌을 받았던 것이었습니다.

다시 항해 이야기로 돌아가겠습니다. 오래전의 모든 침울함이 다시 내게로 돌아왔습니다. 비록 내가 받는 모든 형벌이 마땅한 것이라는 것을 알고 선장이 나를 더욱 심하게 처벌하는 것이 정당하다고 여기면서도, 마음에는 심한 상처를 받았습니다. 이것은 나의 자만심과 사악한 심성을 자극시켰고, 실제로 그 선장을 죽일 계획까지 세우기에 이르렀습니다. 그를 죽이는 일이 내 생명을 연장하려는 유일한 이유였습니다. 때때로 나는 내가 하려는 두 가지 일 사이에서 갈팡질팡할 때도 있었습니다 - 그의 목숨을 빼앗느냐 내 목숨을 버리느냐.

나는 어떤 짓이라도 할 수 있었고 하나님께 대해선 최소한의 두려움도 조금의 양심도 없었습니다. 단지 죽고 나면 나의 존재함이 끝나는 것이라고 확신하고 있었습니다. 내 모든 문제는 죽음과 함께 다 끝이 나리라고 생각했습니다. 하지만 때때로 더 나은 생각을 하기도 했습니다. 희망의 빛줄기가 비치기도 했습니다. 비록 내가 처한 상황이 나아지거나 영국으로 돌아가서 메리와 결혼을 할 것 같지는 않았지만 말입니다.

그녀는 내가 타락하는 것을 막아 주는 남아 있는 유일한 힘이었습니다. 내가 죽은 후, 나에 대해 그녀가 좋지 않게 생각할지도 모른다고 생각하니 견딜 수가 없었습니다. 비록 수도 없이 많은 죄악들로부터 나를 제어하지는 못했지만, 후일 생각해보면 내가 그 선장을 죽이지 않도록 막아 준 건 모두 그녀 때문이었다고 생각했습니다.

이러한 싸움을 얼마나 오랫동안 계속해 나갈 수 있었을지는 지금까지도 알 수 없습니다. 하지만 주님께서는 이미 나의 위험을 아시고 바로 그 순간 나를 구출하실 준비를 하고 계셨습니다. 비록 그것에 대해 나는 전혀 생각도 못하고 있었지만 말입니다.

플리머스에 머물고 있는 동안, 나는 두 가지를 결심했습니다. 먼저 인도에 가지 않으리라는 것, 그리고 기니로 떠나겠다는 것이었습니다. 그 때는 몰랐지만 그것마저도 나를 위한 하나님의 계획이었던 것으로 드러났습니다. 하지만 그분께서는 그 두 가지 다 내 방식이 아닌 그분의 방식으로 이루어 주셨습니다.

우리는 얼마간 마데이라제도에 머물렀습니다. 우리 선단의 일은 완수되었고 다음 날 항해를 출발하기로 되어 있었습니다. 그 기억할 만한 아침에 나는 늦잠을 자고 있었습니다. 나는 더 잠을 청할 수도 있었습니다만 오랜 동료였던 장교 중 하나가 내려와서는 반 농담처럼 나보고 일어나라고 했습니다. 내가 그의 명령을 얼른 따르지 않자 그는 내가 누워 있던 그물침대의 줄을 끊어 버렸습니다. 난 화가 났지만 밖으로 표출하지는 않았습니다.

자기가 한 일을 왜 했는지도 모르는 그가 바로 나의 필요를 채우시기 위해 주님께서 준비하신 메신저였다는 사실은 이상한 일이었습니다. 나는 그에게 더 이상 아무런 말도 하지 않고 갑판 위로 올라갔습니다. 그리고 자신의 옷가지를 보트에 싣고 있는 사람을 보았습니다. 그는 나에게 이제 배를 떠난다고 말했습니다. 내가 그 이유를 묻자 그는 기니에서 출발한 배로부터 온 선원 중 두 사람이 하위치호로의 전출을 청했다는 것이었습니다. 선단의 지휘관이었던 조지 포콕 경은 우리 선장에게 그들의 자리를 채우도록 두 명의 선원을 보내라고 명령을 내린 터였습니다.

그 즉시, 그것은 내게 온 기회였습니다. 나는 그에게 몇 분 동안만 기다려 달라고 애원하고 나서, 그 장교에게 달려가 제발 선장에게 부탁하여 내가 그 보트에 타는 두 번째 사람이 되도록 해 달라고 간청했습니다. 비록 나는 장교들과 좋지 않은 사이였고 언제나 그들의 명령을 어겼지만, 그들은 결국 나를 불쌍하게 여겨 내가 전출 가는 것을 허락하는 데 동의했습니다. 나는 그물침대에서 깨어나 반 시간도 지나지 않아 하위치호에서의 복무에서 해제되어 다른 배에 안전하게 배치되었습니다.

그것은 내 인생의 중대한 전환점들 중 하나였고, 그런 계기들을 통해 주님께서는 순식간에 전혀 기대하지 않았던 상황을 연출하셔서 친절하게도 나를 향한 그분의 관심을 보여 주셨습니다. 주께서는 이런 계기를 몇 번씩이나 만드셨고 매번 나에게 완전히 새로운 삶의 현장을 펼쳐 주셨습니다. 각각의 사건들은 보통 마지막 순간까지 지연되었다가 극적으로 바뀌곤 했습니다.

나는 시에라리온과 아프리카의 윈드워드 해안 근처로 떠나는 배에 오르게 되었습니다. 새 선장은 내 아버지와 알고 지내는 사이였고 나를 아주 친절하게 맞이해 주었습니다. 그때 만일 내가 조금이라도 온당하게 행동했더라면 그와 좋은 친구가 되었을 것이라고 생각합니다. 하지만 나는 아직 정신을 차리지 못하고 있었습니다. 사실 나의 행실은 하위치호에 있었을 때보다 더욱 나빠졌습니다. 큰 배들 사이를 오고가는 작은 보트를 타고 다니던 때가 기억나는데, 그때 여기저기 마음대로 옮겨 다니는 것이 정말로 재미있었습니다. 나는 아무런 통제 없이 기분 내키는 대로 살려고 했습니다. 그리고 그때부터 완전한 타락의 길을 걷게 되었습니다. 스스로 죄를 지을 뿐 아니라 다른 사람들까지도 함께 죄를 짓게 만들었던 것입니다.

타락이 가져온 하나의 자연스런 결과는 그 선장을 싫어하게 된 것이었습니다. 그가 적어도 신앙적인 사람이었다든지 나의 사악함을 싫어해서가 아니었습니다. 그저 나는 매사에 심드렁하고 반항적인 사람이 되어 간 것이었습니다. 나는 내 멋대로 행동했고 매사에 그가 싫어하는 짓만 골라 했습니다. 그 역시 독특한 기질을 가진 사람이었기 때문에 우리는 쉽게 다투게 되었습니다. 게다가 나에게는 아주 영악한 구석이 있었는데 그것을 멋대로 즐길 때마다 더 많은 문제들에 봉착하였습니다.

한번은 그것이 사실인지도 모르면서 그가 나를 모욕했다고 생각하고는 그의 배와 그가 가진 계획들, 그리고 그의 인격을 조롱하는 노래를 만들었습니다. 나는 그 노래를 배의 모든 동료들에게 가르쳐 그를 웃음거리로 만들어 버렸습니다. 난 그런 배은망덕한 인간이었습니다. 물론 선장은 그 노래의 내용과 누가 그 노래를 만들었는지를 이미 알고 있었습니다.

나는 약 6개월을 그렇게 보냈습니다. 그런데 우리 배가 그 해변으로부터 떠나려고 준비하고 있었을 때 갑자기 선장이 죽고 말았습니다. 나는 지휘권을 이어받은 죽은 선장의 친구와도 사이가 그리 좋지 않았습니다. 그는 전에 나에게 아주 못되게 굴었던 사람으로 그와 함께 서인도 제도로 간다면 그는 분명히 나를 군함에 태울 것이라고 믿어 의심치 않았습니다. 그리고 내가 들은 바에 따르면 그것은 죽음보다 더 무시무시한 것이었습니다. 그것을 피하기 위해 아프리카에 머물러야 할 것이었습니다.

나는 나와 같은 처지로 이 해안에 도착한 다른 한 사람에 대해 들어 알고 있었습니다. 그는 내륙 오지로부터 노예들을 사서 웃돈을 받고 무역선에 되파는 사업을 하고 있었습니다. 그는 최근에 영국에 갔다가 내가 타고 있는 배를 타고 돌아오는 길이었습니다. 그는 그 배 지분의 4분의 1을 소유하고 있었습니다.

그의 사례는 나도 똑같이 할 수 있을 것이라는 희망과 함께 깊은 감명을 주었습니다. 나는 그와 일할 계약을 맺었고, 그 계약에 따라 그는 내가 타고 있던 무역선으로부터 복무 면제를 얻어냈습니다. 나는 고용계약의 조건에 대해서 사전에 신중한 대비를 하지 않았고 단지 그의 관대함만을 신뢰했습니다. 결국 나는 선장으로부터 내가 복무한 것에 대한 어떤 보수도 받을 수 없었습니다. 단지 선장은 나에게 어음 한 장만을 주었을 뿐이었는데, 그것은 영국으로 돌아가서 선주에게 제출할 수 있는 것이었습니다. 그 어음은 결코 현금화되지 않았습니다. 내가 돌아가기도 전에 그 회사는 파산해 버렸던 것입니다.

그 배가 떠나던 날, 단지 옷 한 벌만 걸친 채 베나노스 섬에 내렸습니다. 마치 난파선을 빠져 나온 사람처럼.

다섯 번째 편지

서부 아프리카에서의 시련들

친애하는 하웨이스 씨에게,

그후 2년간은 완전한 공백처럼 느껴집니다. 아직 주님께서 은총을 주실 그 시간이 내게 오기 전이었으므로, 사람의 마음이 혼자 남았을 때 언제나 그러하듯이 나는 더욱더 깊은 사악함 속으로 빠져 들어갔습니다. (『마음은 만물보다 거짓되고 심히 악하니 누가 그것을 알 수 있으리요?』, 렘 17:9) 사실 지금 그때의 기억들을 되돌아보면, 나는 어디를 가든 병을 전염시킬 수 있는 병자처럼 악으로 가득 차 있었습니다. 그때, 은혜롭게도 하나님께서 나를 오지의 섬으로 추방시켜 주셨음을 알 수 있습니다. 그 당시 내 나라 사람들과 영국에서 살고 있었다면 나의 사악함은 훨씬 더 심했을 것입니다. 하지만 나는 아프리카에서 극소수의 사람들하고만 어울리고 그들에게 거의 아무런 해도 끼치지 않을 수 있었습니다. 내가 말하고 지내던 그 몇 안되는 사람들은 나 자신과 흡사했고, 나는 곧 그들에게 어떤 영향을 끼칠 수도 없는 천한 신분으로 전락되어 버렸던 것입니다. 그들과 함께 지내는 첫해 동안 심지어 어떤 노예들은 내가 말을 걸기에 너무 천하다고 생각할 정도였습니다.

주님께서 나를 내 자아로부터 구원해 주시기로 정해진 시간은 이런 일이 있고 나서도 한참이 지나서였습니다. 그때 단지 주님의 은총이 있었기에 내가 미쳐 버리지 않을 수 있었습니다. 내가 겪어야 했던 고난들은 나의 죄를 향한 폭주를 늦추어 주었고 그런 이유로 나는 그 고난들을 내게 주어진 여러 축복들 중 하나라고 생각합니다.

아마 당신은 내가 내내 머물고 있었던 그 나라에 대해서 흥미를 가질지도 모르겠습니다. 그 당시 자주 오고 갔던 그 장소들은 훗날 내가 무역을 하는 주요한 무대가 되었습니다. 사실 난 똑같은 장소에서 같은 사람들과 일을 했는데 그들은 그때 나를 가장 천한 노예 정도로 생각하던 사람들이었습니다.

아프리카 제일 서쪽 끝인 카보베르데에서부터 케이프 마운트까지 모든 해안은 다 강으로 가득 차 있었습니다. 주요한 강으로 감비아 강과 리오그란데 강, 시에라리온 강과 셔브로 강이 있었습니다. 감비아 강에는 한 번도 가 본 적이 없었지만 리오그란데 강은 내게 아주 익숙한 곳이었습니다. 나일 강과 같이 이 강도 바다에 가까워 많은 지류로 나뉘어졌습니다. 가장 북쪽의 카셰오 강 유역은 포르투갈 사람들이 정착한 곳이었고 리오누나라는 이름의 최남단 지류는 그것을 넘어 그 어떤 백인의 무역도 허용하지 않는 경계선이 되어 있었습니다. 시에라리온의 영토는 산이 많은 반도였는데 강을 따라 내려오는 무성한 정글 때문에 사람이 살지도 들어갈 수도 없는 지역이었습니다.

셔브로 강은 넓어 배를 타고 갈 수 있었습니다. 남동쪽으로 40마일 이상 내려가게 되면 바나노즈라는 이름이 붙여진 세 개의 섬들이 있었는데 이 섬들 모두의 둘레는 약 20마일에 달했습니다. 이곳이 바로 백인들이 거주하는 식민지의 중심이었습니다. 같은 방향으로 약 24마일을 가면 셔브로 강이 바다와 만나는 곳에 있는 세 개의 작은 섬들인 플랜테인즈가 자리잡고 있었습니다. 셔브로 강은 바다처럼 깊고 넓었습니다. 몇 개의 큰 강들이 그곳에서 다 합쳐지기 때문이었습니다. 이것들 중 가장 남쪽의 강은 아주 독특한 코스를 가지고 있었습니다. 그 강은 해안과 거의 평행하게 흐르는데 어떤 곳은 해안과의 거리가 겨우 반 마일도 미치지 않는 정도였습니다.

나의 새 주인은 전에 케이프 마운트에 거주하던 사람이었고 최근에 그는 플랜테인즈의 가장 큰 섬으로 이주를 했습니다. 그곳은 둘레가 2마일 정도 되고 대부분 야자나무로 덮여 있는 낮은 모래섬이었습니다.

우리는 즉시 집을 만들기 시작했고 무역도 시작했습니다. 이미 많은 시간을 낭비한 나는 뭔가 스스로 이루고자 하는 마음이 간절했습니다. 그가 나에게서 돌아서지만 않았더라도 나는 내 새 주인과 잘 지냈을 것입니다. 그는 함께 사는 흑인 아내에 의해 조종당하고 있었습니다. 그녀는 그 나라에서 제법 영향력을 행세하는 인물이었던 탓에 나의 주인은 그가 누리고 있는 번영이 다 그녀의 덕이라고 생각하였습니다. 어떤 이유에서인지 그녀는 나를 보자마자 즉시 반감을 가졌습니다. 상황을 더 어렵게 만든 것은 내가 어떤 일을 해낼 수 있는지, 나의 장점을 보여 줄 기회를 갖기도 전에 그곳에 가자마자 아주 심한 병에 걸려 버렸다는 사실이었습니다.

주인이 그 여자의 손에 나를 남겨둔 채로 리오누나로의 여행을 떠났을 때도 나는 여전히 병을 앓고 있었습니다. 처음에 그녀는 나를 돌봐주었습니다. 하지만 내가 빨리 낫지 않자 싫증을 내게 되었고 곧 완전히 무시하게 되었습니다. 내가 고열로 아파할 때 어느 누구하나 찬물 한 잔 가져다 주는 이 없었습니다. 내 침대는 매트가 깔린 큰 궤였으며 나무토막이 나의 베개였습니다.

열이 내리고 식욕이 돌아왔을 때, 누구도 나에게 먹을 것을 주지 않았습니다. 그녀는 사치스럽게 살았지만 내게는 목숨을 연명할 만큼의 음식도 주지 않았습니다. 때때로 기분이 아주 좋았을 때, 그녀는 식사를 마치고 자신의 접시에서 남은 음식을 보내주곤 했습니다. 너무 굴욕적인 대우를 많이 받아와서 이 정도는 감사와 열성으로 받았습니다. 마치 거지가 구걸하듯이 말입니다.

심지어 한번은 그녀의 손으로부터 직접 남은 음식을 받으라고 나를 그녀의 거처로 부른 적이 있었습니다. 하지만 나는 너무 약하고 기운이 없어서 그 접시를 떨어뜨리고 말았습니다.

많은 것을 가진 사람은 나 같은 상황에 처한 사람에게 그것이 무엇을 의미하는지 상상할 수 없습니다. 그리고 그녀는 잔인하게도 나의 원통함을 비웃었습니다. 비록 테이블은 음식으로 가득 차 있었지만 그녀는 더 이상 어떤 음식도 주지 않았습니다.

때때로 나는 배가 고픈 나머지 도둑으로 몰려 벌을 받을 위험을 무릅쓰고 농장의 채소를 뽑아 먹으려고 밤에 나가곤 했습니다. 누가 나를 볼까 봐 그 자리에서 그것들을 날로 먹곤 했습니다. 삶아 먹거나 볶아 먹으면 맛있는 이 근채류는 그냥 먹었을 때 마치 날감자를 먹는 것과도 같았습니다.

때때로 낯선 자들, 심지어는 몇몇 노예들까지도 자신의 얼마 되지 않은 분량에서 빵조각을 떼어 내게 주기도 했습니다. 그들 중 누구라도 내게 음식을 주다가 들통나면 벌을 받았을 것이었지만 말입니다.

설상가상으로 이 여자는 한 번씩 나를 찾아오곤 했습니다. 나를 동정하거나 위로해 주려고가 아니라 모욕을 하기 위해서 말입니다. 그녀는 나를 쓸모없고 게으른 인간이라고 불렀고 나보고 일어나서 일을 나가라고 강요했습니다. 하지만 나는 일을 할 수 없는 상황이었습니다.

그러고 나서 그녀는 자기의 노예들로 하여금 내 행동을 흉내내게 하면서 손뼉을 치고 웃으며 내게 라임을 던졌습니다. 그 노예들이 돌을 던지려고 했을 때에도 그녀는 막지 않았습니다. 하지만 일단 그녀가 보이지 않게 되면 가장 천한 노예들도 나를 동정했습니다.

마침내 내 주인이 돌아왔습니다. 나는 그의 아내가 내게 한 대우에 대해서 불만을 털어놓았습니다. 하지만 그는 믿으려 하지 않았고 그 대화를 들어서인지 그녀는 변함없이 나를 가혹하게 대했습니다.

내 주인은 그의 두 번째 항해에 나를 데리고 갔습니다. 강에서 만난 그의 동료 무역업자가 내가 신용할 수 없는 사람이고 주인이 해변에 가 있을 때나 야간을 틈타 주인의 물건을 훔친다고 납득시키기 전까지는 주인과 나의 관계는 얼마간 참 좋았습니다.

그것은 내가 절대로 정당하게 고소되어질 수 없는 단 하나의 죄악이었습니다. 다른 건 몰라도 나는 정직했습니다. 비록 그의 아내가 나에게 했던 일들에 대해 그에게 보복할 명분은 많았지만, 나는 주인이 내게 맡긴 소임에 대해서는 항상 충실했습니다. 하지만 내 주인은 내게 불리하게 날조된 그 말들을 믿고 증거도 없이 나를 비난했습니다.

그때부터 그는 직접 보지 않고는 나를 믿지 않았습니다. 그가 배를 비울 때는 하루 할당량의 식량으로 내게 한 파인트의 쌀만 주도록 정해 버렸습니다. 만일 그가 더 오래 배를 비우게 되면 나는 그가 돌아올 때까지 속절없이 굶고 있어야만 했습니다. 그때 내가 몇 마리의 물고기라도 잡을 수 없었다면 아마 굶어 죽었을 지도 모릅니다. 주인이 먹을 저녁거리로 새들을 잡게 되었을 때는 나는 때때로 미끼로 쓸 내장을 약간씩 얻곤 했습니다. 조류가 바뀌면서 물결이 잔잔해질 때 나는 종종 낚시를 하곤 했습니다. 그리고 물고기 몇 마리를 잡았을 때 느꼈던 그 기쁨이란 이루 말로 다 설명할 수 없습니다. 소스나 소금이나 빵도 없이 급히 굽거나 반쯤 타 버린 물고기요리이긴 해도 내게는 아주 맛있는 성찬이었습니다. 만일 물고기를 한 마리도 못 잡을 땐 다시 바다가 잔잔해질 때까지 배고픔을 견디기 위해 잠을 청했습니다. 그리고 바닷물이 다시 잠잠해지면 낚시를 하곤 했습니다.

내가 입은 옷은 누더기나 다름없었습니다. 어디 가도 그런 옷은 없을 것입니다. 내가 가진 거라곤 셔츠 한 벌과 바지 한 벌, 그리고 모자 대신 린넨 손수건과 내 몸을 감쌀 약 2야드 정도의 면 조각뿐이었습니다. 주인이 해변에 가 있을 때는 겨우 그 정도의 의복만 가지고 40시간까지 끊임없는 비와 광풍을 피할 곳도 없이 다 맞아야 했습니다.

나는 극심한 고통을 점점 키워 갔습니다. 그리고 그것은 몇 년이 지난 지금도 저를 괴롭히고 있습니다. 내가 오랫동안 앓았던 병으로부터 겨우 낫자마자 겪게 되었던 극심한 추위와 비는 내 건강뿐만 아니라 내 영혼까지도 파괴하는 것 같았습니다. 나중에 상황이 더 좋아져 내 영혼은 안정됐지만, 내 몸을 회복시키는 데는 지금까지도 많은 후유증을 남겨주었습니다.

약 두 달 후에, 우리는 플랜테인즈로 돌아왔습니다. 그후 내가 내 주인과 보낸 나머지 시간은 모두 섬에서 보내게 되었습니다. 나의 거만한 마음은 이제 완전히 꺾여 있었습니다. 하위치호에 타고 있을 때 나를 격앙시켰던 그 흉포함을 어느 새 다 잃어버렸던 것입니다. 하지만 뒤돌아보면, 내가 단지 배고픔으로 길들여진 호랑이와 다를 바 없었다는 것을 알 수 있었습니다. 시련을 제하고 본다면 나는 변함없이 흉포한 인간이었습니다.

이상하게도 나는 그런 일들을 겪으면서도 정신을 추슬러 수학공부를 할 수 있었습니다. 나는 플리머스에서 바로우의 유클리드 기하학 책을 가져왔었습니다. 그 책은 지금의 새 주인을 따라왔을 때 해안으로 내가 가지고 온 유일한 책이었습니다. 나는 늘 섬의 가장 한적한 해변으로 그 책을 가지고 와서 긴 막대기를 가지고 모래 위에 도형을 그리곤 했습니다. 나는 그렇게 내 슬픔을 가라앉혀 내 속에 있는 증오와 원한의 감정들을 잠재워 갔습니다. 그리하여 그 누구의 도움도 없이 유클리드 기하학의 처음 여섯 장들을 모두 마스터할 수 있었습니다.

여섯 번째 편지
새로운 주인

친애하는 하웨이스 씨에게,

야곱은 내 마음에 늘 떠오르는 말을 했습니다. 그의 형 에서로부터 도망하여 요단 강을 건넜다가 몇 년이 지나 다시 집에 돌아왔을 때 그는 이렇게 말했습니다.

"지팡이 하나만 들고 이 요단 강을 건넜으나 이제는 두 무리를 이루었도다."

그것은 내 경험이기도 했습니다. 왜냐하면 지난 번 편지 내용의 그 한탄스런 나날 동안 나는 라임과 레몬 나무들을 심는 일을 하게 되었기 때문입니다. 내가 심었던 그 나무들은 어린 구즈베리 수풀보다도 키가 작았습니다.

옆을 지나가던 주인과 그의 아내는 내가 일하는 것을 보기 위해 멈춰 섰습니다.

“누가 알겠어?”

주인이 말했습니다.

“누가 아니? 이 나무가 자라서 열매를 맺을 때쯤 네가 영국으로 돌아가 선장이 되어 다시 네가 심은 나무의 열매를 따러 오게 될지... 세상은 종종 이상한 일이 일어나기도 하니까 말이지.”

그가 의미했던 것은 아주 날카로운 조롱이었습니다. 그는 내가 후일 폴란드의 왕이 되는 것도 가능할 거라고 조롱했을 것입니다. 하지만 이 말은 결국 예언이 되었습니다. 내가 영국으로부터 다시 돌아왔을 때, 나는 내가 심었던 바로 그 나무들로부터 처음 열린 라임열매들을 따게 되었던 것입니다.

그때와 지금의 상황이 어쩜 이렇게 대조적인지! 나는 그때 한 벌뿐인 셔츠를 바위에 대고 빨기 위해 한밤중에 슬그머니 해변으로 나오곤 했었고 잠자는 동안 그 옷이 마르도록 젖은 채로 입고 잠들어야 했습니다. 지나가던 배에서 섬으로 보트라도 오는 날이면, 낯선 사람들에게 내 모습을 보이기가 부끄러워 숲속에 숨곤 했지요. 하지만 내 친구여, 만일 당신이 나의 행위와 신조와 마음에 품은 생각이 나의 외적 상황들보다 훨씬 더 어두웠다는 것을 알았다면, 당신은 그런 나를 하나님께서 그분의 선하심과 섭리에 따라 돌보아 주셨다는 사실에 경이감을 느낄 것입니다.

사랑받는 이들 가운데 나를 하나님께 합당한 자로 만드신, 주님께서 이루어 놓으신 내 자신의 변신에 대해 나는 경탄을 금할 수 없습니다. 하나님께서는 추악한 과거를 지닌 나에게 사랑해 주는 친구들을 주셨고, 길고 긴 고난과 위험 속에서도 나를 보호하시고 인도해 주셨습니다. 내가 살아 있는 것과, 더 이상의 배고픔과 목마름과 헐벗음 속에 거하지 않아도 되는 것은 모두 다 하나님의 은혜입니다. 그분은 나를 구해 주시고 더 나은 삶으로 이끌어 주셨습니다. 나는 수많은 하나님의 사람들을 알고 있습니다. 하나님의 가장 영광스런 종들 중 몇몇은 나의 친구들이기도 합니다. 나는 경험에서 얻어진 하나님의 복음의 능력에 대한 지식을 갖고 있습니다. 현재 내가 누리고 있는 모든 특권들을 일일이 열거하는 것은, 그것들과 대조를 이루는 이전의 사악함과 비참함을 다 묘사하는 것만큼이나 어려운 일입니다.

얼마나 이런 불행한 상황이 지속되었는지는 정확히 알 수 없습니다. 내 생각으로 거의 1년 정도 되었을 것입니다. 그동안 나는 아버지께 두세 통의 편지를 써서 나의 위치와 처한 상황을 알렸습니다. 나는 아버지가 도움을 주시기를 바랐습니다. 만일 내가 돌아오기를 원치 않고 누군가를 보내지 않는다면 영영 영국으로 돌아갈 수 없을 것이라고 적었습니다.

나는 또한 나의 사랑 그녀에게 썼던 편지를 지금도 가지고 있습니다. 가장 미천한 처지에서도 여전히 그녀를 다시 만나리라는 희망을 간직하고 있었습니다.

마침내 내 아버지는 리버풀에 있는 한 친구에게 얘기를 했습니다. 아버지의 친구 되는 사람은 자신의 휘하에 있는 한 선장에게 명령을 내렸는데, 그는 마침 감비아와 시에라리온으로 떠날 채비를 하고 있던 터였습니다.

그 해에, 나는 같은 섬의 다른 무역업자와 함께 일해도 좋다는 주인의 동의를 얻을 수 있었습니다. 그의 동의가 없었다면 이러한 생의 전환은 이루어낼 수 없었을 것입니다. 그는 더 일찍 나를 보내는 것을 원하지 않았지만 결국 마음을 바꿨습니다.

다른 주인에게로 옮겨가는 것은 분명히 내게 좋은 일이었습니다. 나는 즉시 제대로 된 옷을 입게 되었고 부족함 없이 살게 되었습니다. 난 아주 유익한 동료로 여겨졌고 새로운 주인은 자기 집의 모든 재산의 관리를 내게 맡길 정도로 나를 신뢰했습니다. 그 재산은 약 5천 달러 정도였는데 당시로는 상당한 금액이었습니다.

그는 몇 명의 백인 하인들과 여러 곳에 공장들을 가지고 있었는데 그 중 하나는 해안을 따라 흐르는 키탐 강가에 있었습니다. 그는 그 공장으로 가서 자신의 사업을 관리하는 일을 함께 수행하도록 지시했습니다. 다른 하인 한 명이 나와 함께 지내면서 같이 일을 하게 되었는데, 우리는 자유롭게 생활했고 사업은 번창했습니다. 우리 주인도 흡족해 했으며, 나는 심지어 행복하다고 느끼기까지 했습니다.

당신도 아실 테지요. 그런 경우, 그 행복을 묘사하기 위해서 쓰는 표현들 말입니다. 우리는 "백인이 흑인이 다 되었다."라고 말하곤 했습니다. 이것은 피부색에 관한 것이 아니라 기질에 대한 것이었습니다. 나는 서른이나 마흔이 넘어 아프리카에 정착해 그곳 생활에 의해 삶의 관점과 관습, 심지어 그들의 애국심까지 물들어 버린 사람들을 몇 명 알고 있습니다. 그들은 자신의 모국보다도 더 아프리카를 좋아하게 되었습니다. 심지어 그들은 흑인들의 온갖 터무니없는 종교행위를 받아들이고 미개인들의 부적과 점치는 일을 분별 있는 원주민들보다도 더 신뢰했습니다.

나 자신도 조금씩 흑인적인 것들에 물들어가고 있다는 느낌이 들었습니다. 그러다가 얼마 가지 않아 그런 삶의 방식에 굴복하고 말지도 모를 일이었습니다. 물론 내가 영국에 대한 애착을 버린 것은 아니었지만, 다시 고향으로 돌아갈 기약이 없다는 사실은 내가 그곳에서 살던 그대로 머물고 싶은 생각이 들게 했습니다. 이것은 집으로 돌아갈 수 없다는 그런 실망감을 없애는 방법이었습니다.

하지만 우리 주님이 어떤 분이십니까? 내 마음속에 그런 생각을 고정시키자마자 주님께서는 그런 정신상태를 조각조각 부수어 버리실 것을 작정하시고 나의 고집에도 불구하고 그런 파멸로부터 나를 구원해 주셨습니다.

나를 영국으로 데려오라는 명령을 받은 배가 마침내 시에라리온에 도착했던 것이었습니다. 그곳에서 그 배의 선장은 나에 관해 물으러 다녔고, 바나노즈에 정박했을 때도 나에 대해 수소문을 하고 다녔습니다. 그때, 누군가가 내가 아주 먼 곳에 있다는 얘기를 했고 그는 더 이상 나를 찾을 일이 없다고 생각하게 되었습니다. 하지만 분명 주님의 손이 그때 나를 키탐에 머물도록 하셨습니다. 만일 내가 플랜테인즈에 있었다면 그 배가 떠날 때까지 그 배에 대한 소식을 듣지 못했을 것입니다. 새 주인이 소유하고 있는 다른 공장에 나를 보냈다 해도 결과는 마찬가지였을 것입니다. 나는 키탐에서 해변과 겨우 1마일 정도 떨어진 곳에 있었습니다.

그때 마침 무역 일 때문에 해변에서 제법 멀리 떨어진 내륙으로 막 출발하려던 참이었습니다. 우리는 원래 하루나 이틀 정도 앞당겨 출발할 계획이었습니다만 다음 배가 가지고 올지 모르는 몇 가지 필요한 물품들을 기다리기로 했습니다. 내 동료와 함께 그 배를 기다리면서 해변을 산책했습니다. 우리는 해변에서 한 척의 배라도 지나가는지 살펴보곤 했습니다. 그것은 아주 막연한 희망이었음을 시인할 수밖에 없습니다. 그 외딴 지역에 무역을 하러 오는 배는 많지 않기 때문입니다.

1947년 2월의 어느 날 - 정확한 날짜를 모르겠습니다 - 내 동료는 배 한 척이 지나가는 것을 보고 그 배의 선장에게 우리가 교역할 의사가 있음을 말하려고 불을 피웠습니다. 순풍을 만난 그 배는 이미 그 지역을 지나쳐 가고 있었고 반 시간 후면 그 신호를 보지도 못했을 것이었습니다. 하지만 그 배의 선장은 그 지점에 닻을 내렸고 내 친구는 카누를 타고 가서 그 배에 올랐습니다.

그 배의 선장이 내 동료에게 물었던 처음 질문들 중 하나는 바로 나에 관한 것이었습니다. 내가 그렇게 가까이 있다는 사실을 알자 그는 내게 소식을 전하기 위해 직접 해변으로 왔습니다.

내가 병에 걸렸거나 플랜테인즈에서 굶고 있었을 때 고향으로부터 그 초대장이 왔다면 나는 그것을 죽음 가운데서의 생명으로 여겼을 것입니다. 그러나 당신에게 이미 얘기했던 그런 이유에서 나는 별 신경도 쓰지 않았습니다.

나를 찾게 된 그 선장은 나를 놓치려 하지 않았습니다. 그래서 없는 것을 꾸며내었습니다. 내 앞으로 온 한 묶음의 편지들과 서류들을 어디 두었는지 생각은 나지 않지만 그것들은 그가 내게 말하려 했던 것들을 뒷받침해 줄 수 있는 것들이었다고 말했습니다. 또, 최근에 어떤 사람이 죽으면서 내게 많은 돈을 남겼으며 내 주인에게 진 현재의 빚을 갚기 위해 설사 그 비용이 그의 배에 있는 물건 전체의 반에 해당하는 금액일지라도 지불하라는 명령을 받았다는 것이었습니다. 나중에 알게 된 사실이었지만 그가 말한 모든 것은 다 거짓말이었습니다.

나는 그가 내게 한 말들을 깊이 생각해 보았습니다. 아버지가 얼마나 내 걱정을 하시고 나를 보고싶어 하시는가는 내게 떠나고싶은 마음을 갖게 하기에 부족한 것이었습니다. 하지만 내 사랑하는 여인에 대한 기억과 그녀를 다시 보고픈 희망, 그리고 이 제안을 받아들임으로써 어쩌면 결혼에 대한 그녀의 승낙을 얻어 낼 위치가 한 번 더 될 수 있을지도 모른다는 그 가망성은 나를 확신시켰습니다.

게다가 그 선장은 약속을 했는데 - 그리고 그가 이 약속은 지켰습니다 - 내가 그의 선실에 살면서 그의 테이블에서 식사를 하고 늘 그의 친구가 될 수 있다는 것이었습니다. 물론 그것을 갚기 위해 어떤 일도 할 필요가 없이 말입니다.

나는 다시 한 번 갑작스럽게 약 15개월간의 구속으로부터 풀려났습니다. 한 시간 전까지만 해도 이렇게 상황이 변하리라고 생각지도 않았습니다. 나는 즉시 그의 제안을 받아들였고 얼마 안되는 소지품들을 챙겨 배에 올라탔습니다. 몇 시간 후 나는 키탐으로부터 멀리 떨어진 곳에 가 있게 되었습니다.

그때 나는 너무나 눈이 멀고 어리석었기 때문에 그것에 대해 깊이 생각해 보지 않았습니다. "마치 바람에 밀려 요동하는 바다 물결과 같이"(약 1:6) 나는 현재의 상황에 지배당했으며 결코 더 멀리 앞을 내다보지 않았습니다. 하지만 눈먼 자들에게 눈이 되어 주시는 하나님께서는 내가 전혀 몰랐던 방식으로 나를 이끌어 주셨습니다. 많은 이들의 삶에서 수도 없이 하셨던 똑같은 방식으로 말입니다.

요셉의 삶에 있어 얼마나 복잡하고 많은 사건들이 뒤이어 일어나는 사건들에 대해 영향을 끼쳤습니까? 만일 요셉이 꿈을 꾸지 않았었다면, 그는 그의 꿈을 말하지 않았을 것입니다. 미디안 사람들이 하루 일찍 혹은 하루 늦게 지나갔다면 요셉은 이집트에 도착할 수 없었을 것입니다. 만일 그들이 요셉을 파라오의 각료인 경호대장 포티발이 아닌 다른 사람에게 팔았더라면, 만일 포티발의 아내인 요셉의 여주인이 더 나은 사람이었다면, 또는 파라오의 관리들이 그의 주인을 노엽게 하지 않았더라면, 뒤이어 일어난 모든 일들은 달라졌을 것입니다. 이스라엘에 관한 주님의 약속들과 목적들 - 속박과, 구원과, 방랑과 약속된 땅으로의 최종적인 정착 - 그 모든 것은 일어나는 사건들의 정확한 시기에 맞춰 일어났던 것 같습니다. 만일 역사가 주님의 계획에 따라 그렇게 되지 않았더라면 약속된 구원자 예수께서도 나타나시지 않았을 것입니다. 인류는 아무런 희망 없이 그 죄 가운데 그대로 머물 수밖에 없었을 것입니다. 주님의 영원한 사랑의 계획은 실패하고 말았을 것이고요.

우리는 요셉의 첫 번째 꿈과 유대인들의 역사에서, 그리고 우리 주 예수 그리스도의 죽음에서 하나의 연관성을 찾을 수 있습니다. 그것은 바로 그것들 모두가 영광스럽고 위대하고 또 한편으로 사소한 일련의 사건들이라는 것입니다. 이 얼마나 위안이 되는 사실입니까? 이 땅에 어떤 종류의 의로운 증거라도 좌절시키려는 시도를 하는 모든 인간들과 나라들의 방해에도 불구하고 주님께서는 하나의 변함없는 계획을 가지고 계십니다. 이 세상의 기틀을 놓으실 때부터 주님께서는 그분의 백성들의 완전한 구원을 계획해 놓으셨습니다. 주님은 심지어 그의 계획에 반대하는 것들이 주님의 의도를 더욱더 잘 성취시키도록 만드실 만큼 현명하시고 강하시며 신실하신 분이십니다.

일곱 번째 편지

위난과 구출들

친애하는 하웨이스 씨에게,

내가 타게 된 다음 배에 관한 이야기를 하겠습니다. 이번에 나는 바쁘게 일할 필요없는 승객의 입장이었습니다.

그 배의 주된 일은 금과 상아, 염료용 나무와 밀랍을 모으는 것이었습니다. 그런 물품을 모으는 것은 노예들을 모으는 것보다 훨씬 더 시간이 걸리는 것이었습니다. 내가 그 배에 타기 네다섯 달 전부터 선장은 감비아에서 무역을 해오고 있었습니다. 나와 함께 있게 된 후로도 그는 일 년을 계속 그 무역에 종사했습니다. 우리는 적도에서 위도 1도 정도 아래에 있는 케이프 로페즈까지 모든 해안을 다 다녔습니다. 우리가 출발한

곳에서 영국까지의 거리보다 천 마일도 더 떨어진 곳까지 갔으니까요.

뭐라도 할 일이 있어야 했기에 나는 때때로 수학공부를 하기도 했습니다. 하지만 그것을 제외한 내 삶은 하나의 끊임없는 사악함과 불경스러움 그 자체였습니다. 그땐 나보다 더 거친 입을 가진 사람을 만난 적이 없습니다. 심지어 나는 모든 사람이 다 아는 욕을 쓰는 데 만족하지 못하고 매일매일 새로운 욕을 만들어냈습니다. 어떤 것들은 너무나 심해 그 자신도 욕쟁이였던 선장이 나를 호되게 호통칠 정도였습니다.

내가 얘기했던 이전의 모험들과 자신이 본 내 행실로부터 – 특히 우리의 항해의 끝이 가까워 오면서 – 선장은 그가 자기 배에 요나를 태웠다고 확신하게 되었습니다. 그는 어떤 저주가 내가 가는 곳 어디를 가나 따라다니며 그가 겪고 있는 모든 문제들이 다 내가 배에 타고 있기 때문이라고 확신했습니다.

실제로 그 문제들 중 하나는 바로 내가 야기한 것이었습니다.

비록 거의 모든 도를 넘어서는 죄를 짓는 일에 늘 지나친 면이 있기는 했지만, 나는 결코 술에 취하지는 않았습니다. 아버지는 늘 술만 멀리한다면 결국에는 내가 정신을 차릴 것을 확신한다고 말씀하시곤 했습니다. 하지만 때때로 그냥 재미삼아서 술 먹기 내기를 하곤 했습니다.

내가 마지막으로 그것을 한 것은 우리가 가봉 강에 있을 때였습니다. 어느 날 저녁 네다섯 명이 갑판에 앉아 누가 가장 오랫동안 진과 럼주를 번갈아 마실 수 있는가를 내기했습니다. 큼지막한 바다조개가 우리의 술잔이었습니다.

난 이러한 도전에 전혀 맞지 않았습니다. 술을 전혀 마실 수 없었기 때문이었습니다. 하지만 나는 첫 번째 건배를 제안했고, 내 기억에 그것은 먼저 시작하는 사람에게 떨어지는 저주가 되었습니다. 내 머리속은 마치 불이라도 난 것 같았습니다. 나는 일어나서 미친 사람처럼 갑판 위에서 춤을 추었고 그 과정에서 모자는 바다로 떨어져 버렸습니다. 나는 달빛 아래에서 근처에 매달려 있는 보트를 볼 수 있었습니다. 그리고 거기에 타기 위해 건너편으로 내 몸을 던졌습니다. 허공에서 그 보트는 내가 생각했던 것만큼 가깝지 않다는 것을 알게 되었습니다. 아마도 그것은 배의 측면으로부터 한 25피트 정도 떨어져 있었을 것입니다. 하지만 내 몸이 반쯤 넘어가 눈깜짝할 사이에 바다로 떨어져 버릴 상황이었을 때, 누군가가 뒤에서 내 옷을 잡아 뒤로 당겼습니다.

이것은 놀라운 구사일생이었습니다. 나는 수영을 할 수 없었기 때문입니다 – 술을 먹지 않았다 하더라도 – 파도는 강하게 치고 있었고 내 동료들은 나를 구하기엔 너무 술에 취해 있었습니다. 배의 나머지 모든 선원들은 잠들어 있었습니다. 죽음까지 1초도 안되는 시간이었습니다. 나만이 저주의 무게에 짓눌려 영원히 빠져 버릴 것은 기정사실이었습니다.

한번은 케이프로페즈에 머무르는 동안 우리들 중 몇몇이 정글에서 버팔로나 들소를 총으로 사냥하기도 했습니다. 우리는 그것의 일부를 배로 가져왔고 주의깊게 (적어도 우리는 그렇게 생각했지요.) 나머지 사체가 있는 곳을 표시해 두었습니다. 그날 저녁, 우리는 그것을 가지러 돌아갔습니다. 나는 맨 앞에 서서 길을 인도했습니다. 하지만 우리가 그 장소에 도착하기도 전에 어둠이 찾아왔고 우리는 길을 잃고 말았습니다. 때때로 허리까지 오는 웅덩이에 빠지기도 했습니다. 그리고 마른 땅에 닿았을 때, 우리는 우리가 배를 향해 걷고 있는 것인지 아니면 더욱 멀어지고 있는 것인지 알 수 없었습니다. 내딛는 걸음마다 우리를 불확실하게 느끼도록 만들었습니다.

밤은 더욱 깊어가고 있었습니다. 우리는 아무도 와 본 적 없었을 울창한 정글에 갇혀 있었습니다. 우리는 완전히 겁에 질려 있었습니다. 왜냐하면 어느 누구도 횃불이나 식량, 또 어떤 종류의 총기도 가져올 생각을 하지 않았기 때문이었습니다. 눈에 보이는 나무마다 뒤에서 사자가 달려 나와 우리를 덮치면 어쩌나 걱정이었습니다. 구름은 별빛을 완전히 지워 버렸고 우리는 인도해 줄 나침반도 없었습니다.

그런데도 한 마리의 맹수도 우리를 공격하지 않았던 것은 하나님의 은혜였습니다. 달이 뜨고 몇 시간이 지난 후, 달빛은 어느 편이 동쪽인지를 가르쳐 주었습니다. 우리는 즉시 우리가 바다 쪽에서 더 멀어지고 있음을 깨닫게 되었습니다. 우리는 돌이켜 동쪽으로 향했지만 바닷가에 도착하고 나서도 배로부터 멀리 떨어져 있음을 알게 되었습니다. 끔찍한 공포에 질리고, 지칠 대로 지쳤지만 마침내 무사히 배로 돌아올 수 있었습니다.

그 외에도 하나님은 나를 여러 번이나 구해 주셨지만 그 모든 것이 내게 아무런 소용이 없었습니다. 나의 양심은 완전히 죽어 있었습니다. 내가 일말의 양심이라도 있었던 때로부터 이미 너무 멀리 와 버렸던 것이었습니다. 병으로 사경을 헤매던 그때, 병으로 죽게 된다면 그후의 결과가 어떠할 것인지 나는 전혀 신경 쓰지 않았습니다. 더 이상 돌아올 수 없는 지점을 넘어선 것 같았고 하나님의 심판도 그분의 자비도 나에게 조금의 영향도 주지 못했습니다.

우리는 마침내 케이프로페즈에서의 일을 끝내고 며칠간 애너보나 섬에 잠시 머문 후 고향으로 향하게 되었습니다. 애너보나 섬에서 영국까지는 도중에 어떤 항구에도 들르지 않고 간다면 약 7천 마일 정도 되었습니다. 우리는 1748년 1월에 출발했는데 무역풍을 타야 했기 때문이었습니다.

우선 브라질 해안 근처에 갈 때까지 동쪽으로 항해를 했습니다. 그 다음 북쪽으로 방향을 바꾸어 뉴펀들랜드의 모래톱까지 올라갔습니다. 아무 일도 없는 여정 중에 반나절 정도 대구를 잡기 위해 그곳에 정박했습니다. 우리의 항해에 약간 변화를 주기 위해서였습니다. 왜냐하면 우리는 이미 충분한 식량을 가지고 있었기 때문이었습니다. 그 생선들이 나중에 우리가 먹어야 할 식량의 전부일 것이라고는 전혀 상상도 하지 못한 채 말입니다.

3월 1일, 고향으로 빠르게 밀어 줄 강한 서풍을 타고 우리는 그 모래톱을 떠났습니다. 그런데 나는 우리 배의 상태에 대해 어쩐지 불안한 마음이 들었습니다. 열대지방에 너무 오래 머물러서 수리를 거의 하지 않은 데다 폭풍우를 견디기엔 배가 너무 낡아 있었습니다. 대부분의 기관들이 그랬지만, 특히 돛과 로프들이 심하게 낡아 있었습니다.

3월 9일, 우리가 겪을 재앙의 하루 전, 나는 우연히 시간이나 보낼까 하여 스탠호프가 쓴 토마스 아캠피스에 관한 책을 집어들었습니다. 나는 이따금씩 소설 읽듯이 그 책을 읽었습니다. 하지만 이번에는 내 마음속에 어떤 생각이 떠올랐습니다.

'정말 이런 것들이 사실이 된다면?'

그런 생각이 나를 옥죄어 왔고 나는 곧 책을 덮어 버리고 말았습니다. 다시 한 번 내 양심이 나를 자극했던 것이었습니다. 하지만 나는 그것들이 사실이건 아니건 내가 이미 선택한 그 길이 가져올 결과를 받아들이겠다고 마음먹었습니다. 그 다음 하게 된 첫 번째 대화에 참여함으로써 그러한 생각들을 지워 버렸습니다.

하지만 주님의 때는 오고 말았습니다. 그리고 내가 그토록 받기를 원치 않았던 죄책감이 나를 속속들이 사로잡았습니다. 그날 밤 나는 여느 때처럼 하나님께 대하여 완전히 단절된 상태로 잠자리에 들었습니다. 그리고 깊이 잠이 들었다가 갑자기 들이닥친 광폭한 폭풍의 힘에 의해 깨어났습니다. 들이치는 파도는 내가 누운 갑판 아래 선실까지 들어왔습니다. 나는 갑판 위에서 한 선원이 배가 가라앉는다고 외치는 소리를 들을 수 있었습니다. 곧장 사다리로 달려갔고 그곳에서 선장을 만났는데 그는 나보고 칼을 가지고 오라고 말했습니다.

칼을 가지러 돌아섰을 때, 내가 있던 곳으로 올라갔던 다른 사람이 순식간에 바닷물에 휩쓸려 바다로 떨어져 버리고 말았습니다. 우리는 그에 대해 생각할 겨를이 없었습니다. 거대한 파도는 한쪽 편의 갑판 목재들을 다 찢어 버렸고 당장이라도 우리 배를 완전히 부수어 버릴 기세였습니다.

우리들 중 어느 누구라도 살아난다면 그것은 기적이었습니다.

우리는 펌프가 있는 곳으로 갔습니다. 하지만 우리의 노력에도 불구하고 바닷물은 계속 불어났습니다. 선장은 우리들 중 몇 명을 보내 양동이로 물을 퍼내도록 시켰습니다. 물을 퍼내는 사람은 열 한 명이나 열두 명밖에 되지 않았고 우리는 곧 배에 물이 거의 가득 찬 것을 알게 되었습니다. 보통 화물이었다면 벌써 가라앉고 말았을 테지만 다행히 많은 양의 밀랍과 목재를 싣고 있었고 그것들은 물보다 가벼웠습니다. 날카로운 강풍은 배에 많은 손상을 입혔고 바람이 잦아들면서 우리는 옷가지와 침구류 등을 이용해 물이 새는 곳을 막아야 했습니다. 합판으로 구멍난 곳들을 못질하자 즉시 배에 찬물이 빠지는 것처럼 보였습니다.

펌프질을 하면서 나는 내 동료들을 위로하려고 애썼습니다. 한 명에게 며칠 후면 이 경험들이 우리가 술을 마시며 안주거리로나 삼게 될 일이라고 말했습니다. 그러나 그는 나보다 덜 냉혹한 죄인이었고 눈물을 흘리며 대답했습니다.

"아니, 이젠 너무 늦어 버렸어."

아홉 시쯤 되었을 때, 추위와 피로에 지친 나는 이야기를 하기 위해 선장에게 갔습니다. 하지만 그는 다른 곳에서 바쁘게 일하고 있었습니다. 다시 그 펌프로 돌아왔을 때 나는 아무 뜻도 없이 이렇게 말했습니다.

"만일 이렇게 해도 소용이 없다면 오, 주님 우리에게 자비를 베푸소서."

그것은 비록 무심코 내뱉은 말이었지만 여러 해 만에 처음으로 내 입으로 하나님의 자비를 구하는 것이었습니다. 나는 즉시 내가 뱉은 말들을 다시 떠올렸습니다.

나는 곧 생각했습니다.

'그 어떤 자비가 나를 위해 남아 있단 말인가?'

하고 말이지요. 그리고 다시 펌프질을 계속했습니다. 그리고 정오까지 그곳을 떠나지 않았습니다. 밀려오는 거의 모든 파도가 머리 위로 덮쳐 왔지만 우리는 바닷물에 휩쓸려 배에서 떨어지지 않도록 우리 몸을 로프로 꽁꽁 묶어 놓았습니다. 나는 배가 아래로 내려갈 때마다 결코 다시 올라오지 않을 것이라고 생각했습니다. 그제야 죽음이 두려웠던 것입니다. 만일 내가 오래전부터 부정해 왔던 성경이 사실이라면, 내게 최악의 형벌이 주어지는 것이 마땅하다는 것을 뼈저리게 느끼고 있었던 터였습니다.

하지만 나는 완전히 확신할 수 없는 상태였습니다. 그리고 한편으론 절망스럽고 한편으론 초조한 심정으로 오랫동안 우울하게 있었습니다. 만일 기독교 신앙이 사실이라면 나는 결코 용서받을 수 없을 것이라고 생각했습니다. 곧 내게 닥칠 최악의 일이 무엇인지 알게 될 것을 예상하고 - 때때로 그것을 바라고 - 있었습니다. 나는 당장이라도 닥쳐올 죽음을 확신하고 있었습니다.

여덟 번째 편지

집으로의 항해

친애하는 하웨이스 씨에게,

3월 21은 내가 죽어도 잊지 못할 날일 것입니다. 사실, 나는 1748년 이후 매년 이 날을 지켜오고 있습니다. 그 날, 주님께서는 깊은 바닷속으로부터 나를 구해내셨습니다.

나는 새벽 3시부터 정오가 다 될 때까지 쉬지 않고 펌프질을 했습니다. 그리고 더 이상 펌프질을 할 수 없게 되었을 때, 잠자리에 들었습니다. 다시 일어날 수 있을까 확신도 - 거의 신경조차도 쓸 수 없었고 - 할 수 없었습니다.

약 1시간 정도 지났을 때 누군가가 나를 불렀습니다. 펌프질을 할 몸 상태가 아니었기 때문에 키가 있는 곳으로 가서 저녁을 먹는 짧은 시간을 제외하고는 자정까지 계속 배를 조종했습니다. 그곳에 서 있으면서 한때나마 내가 신앙심이 있었던 때와 그 이후로 겪었던 경고와 구출들에 대해 깊이 생각할 시간을 가졌습니다. 악하게 살아온 지난 세월과 무엇보다도 복음을 비웃었던 것을 생각하며 나 같은 죄인이 다시 없을 것이라는 것을 알았습니다. 내 죄가 용서되기엔 너무나도 무겁다는 것을 알았습니다.

흥미롭게도 오래전에 알던 성경 구절들이 다시 떠오르기 시작했습니다. 그중에서도 특히 잠언 1장의 무시무시한 구절을 생각했습니다.

『내가 불렀으나 너희가 거역하였고 내가 손을 내밀었으나 아무도 개의치 아니하였으며 오히려 나의 모든 조언을 무시하였고 나의 책망을 받아들이지 아니하였으므로 나도 너희가 재앙을 당할 때 비웃을 것이요, 너희에게 두려움이 임할 때 조롱하리니 이는 너희의 두려움이 멸망같이 이르고 너희의 재앙이 회오리바람처럼 닥칠 때요, 고난과 고통이 너희에게 임할 때라. 그때에 그들이 나를 부를 것이나, 내가 대답하지 아니하겠고, 그들이 일찍 나를 찾을 것이나 나를 만나지 못하리니, 이는 그들이 지식을 싫어하며 주를 두려워하기를 원치 아니하였음이라. 그들은 나의 조언을 결코 원치 아니하며 나의 모든 책망을 경멸하였도다. 그러므로 그들은 자기들의 행위의 열매를 먹고 자신들의 계략들로 배부르리라』(잠 1:24-31).

그리고 히브리서와 베드로후서의 구절도 내 경우와 상황의 성격에 정확히 맞아드는 것 같았습니다.

『한 번 깨우침을 받고 하늘의 선물을 맛보며, 성령의 동참자가 되고 하나님의 선한 말씀과 오는 세상의 능력을 맛본 자들이 만약 떨어져 나간다면 다시 새롭게 하여 회개시킬 수 없나니, 이는 그들이 스스로 하나님의 아들을 다시 십자가에 못박아 공개적으로 조롱함이라』(히 6:4-6).

『만일 그들이 주 곧 구주 예수 그리스도를 아는 지식을 통해 세상의 오염에서 피했다가 다시 거기에 말려들고 패배하면 그들의 나중 결과가 처음보다 더 악화되나니』(벧후 2:20).

그 구절들은 성경이 성령의 영감으로 기록되었다는 것을 증명하는 것 같았습니다. 왜냐하면 그것들이 나의 상황에 꼭 들어맞았기 때문이었습니다. 그런 생각들로 머릿속을 가득 채운 채 나는 피할 수 없는 멸망의 불안감과 두려움 속에서 기다렸습니다.

하지만, 비록 내가 그렇게 생각했다 해도 실제로 나는 구주 예수 그리스도의 무한한 은혜와 의로우심을 분명히 볼 수 없었습니다. 몇 년이 지나고 나서야 눈이 열려 진정한 내 상태와 기질 그리고 습관을 알아볼 수 있게 되었습니다. 만일 그날 밤 내가 하나님의 권능의 위대함을 알았더라면, 즉시 압도되어 나방처럼 으깨져 버렸을 것이라고 생각합니다.

여섯 시쯤 되어 우리 배에서 물이 다 빠졌다는 소식을 들었을 때, 한줄기 희망의 빛이 내 마음속에 솟아올랐습니다. 나는 그 사실에서 하나님의 손을 보게 되었다고 생각했고 기도를 하기 시작했습니다. 나는 믿음의 기도를 할 수 없었고, 그분을 "아버지"라고 부를 수도 없었습니다. 확신하건대, 하나님께 내 기도소리는 야생의 새가 지저귀는 소리와 같았을 것입니다.

내 입술의 저주와 욕설이었던 '예수' 그 이름에 대해 생각하기 시작했습니다. 나는 예수님의 삶과 죽음 - 자신의 죄가 아닌 비참함 속에서 예수를 믿어야만 할 그 사람들의 죄들을 위한 - 의 세세한 내용까지 다 기억하고 있었습니다. 그 모든 것들에 대해 머리로는 다 알고 있었지만, 이젠 그 증거를 찾고 싶었습니다. 나는 단지 맹목적인 신앙으로 기뻐 뛸 것이 아니라 증거를 얻기 위해 직접 성경책을 읽기로 마음먹었습니다.

내가 받은 처음의 도움들 중 하나는 누가복음 11:13로부터였습니다.

『너희가 악하다 할지라도 너희 자녀에게 좋은 선물을 줄 줄 알거든 하물며 하늘에 계신 너희 아버지께서 구하는 자들에게 성령을 주시지 않겠느냐?』(눅 11:13).

하나님께서 존재하신다는 사실조차 믿지 않으면서 그리스도를 믿는다고 공언하는 것은, 마음을 살피시는 하나님께 조롱밖에 되지 않는다는 것을 알고 있었습니다. 하지만 이 구절은 주님께 구하는 이들에게 주어질 성령에 대해서 말씀하시고 있었습니다.

나는 이렇게 생각했습니다.

'만일 이 성경책이 사실이라면, 이 구절에 나오는 약속도 사

실임에 틀림없다. 이 성경을 이해하기 위해서는 성경 전체를 쓰신 그 성령이 내게 계셔야 한다.'

내 의지는 내 마음속에 들어온 또 다른 구절에 의해 더욱더 굳어졌습니다.

『만일 누구든지 그분의 뜻을 행하려고 한다면, 그 교리가 하나님으로부터 온 것인지 아니면 내가 내 자신에 관하여 말하는 것인지 알게 되리라』(요 7:17).

나는 비록 마음으로 복음을 믿는다고 말할 순 없었지만, 성경을 더 읽으면서 확신을 얻을 수 있으리라는 희망을 가지고 당장은 복음의 진리를 당연한 사실인 것으로 받아들이리라고 마음먹었습니다.

어떤 사람들은 그 생각을 내가 스스로 납득시키려고 노력하고 있었다고 말할 것입니다. 아마 그랬을지도 모릅니다. 하지만 나는 그들에게 이 점을 강조하고 싶습니다. 만일 주님께서 그 배에서 내게 하셨던 일을 그들에게도 보여 주셨다면 그들도 그렇게 했을 것이라고 말입니다. 그 복음의 말씀에서 적어도 내 영혼을 위한 희망을 보았습니다. 내 눈이 닿는 어느 곳이든 어둠과 깊이를 잴 수 없을 만큼 깊은 절망만이 가득했던 것입니다.

바람은 누그러들지 않았지만 계속해서 우리가 탄 배를 항구 쪽으로 밀어 주었습니다. 우리는 여전히 위험에서 벗어나지 못했지만, 적어도 이전처럼 공포에 떨고 있지는 않았습니다. 우리 아래 있는 저 바다는 혼동 그 자체였습니다. 물 위에 떠 있는 어떤 것이든지 우리 배의 난폭한 움직임에 의해 산산조각나 버렸습니다. 가축들 - 돼지와 양, 그리고 가금류들 - 은 모두 배 밖으로 휩쓸려 폭풍 속으로 빠져 버렸습니다. 우리에게 남은 유일한 식량은 우리가 뉴펀들랜드 모래톱에서 잡았던 물고기와 돼지 사료로 쓰려던 음식뿐이었습니다.

돛도 역시 대부분 바람에 찢겨 날려가 버리고 없었습니다. 우리 배는 움직일 순 있었지만 바람이 불 때만 느릿느릿 나아갈 수 있었습니다. 우리는 우리가 육지로부터 약 350마일 정도 떨어져 있다고 생각했지만 실제로는 더욱 멀리 떨어져 있었습니다.

나는 모든 여가 시간을 성경을 읽고 묵상하며 하나님께 자비와 인도를 구하는 기도를 드리며 보냈습니다.

그런 상황에 아무런 진척도 없이 4,5일 정도가 흘러갔습니다.

우리는 감시를 맡은 선원의 육지를 보았다는 기쁨에 찬 외침에 잠을 깼습니다. 곧장 갑판으로 달려 올라가 황홀할 정도로 아름다운 새벽을 보았습니다. 그 빛은 멀리에 있는 것 - 약 20마일 정도 떨어진 곳의 만이나 곶의 지형을 이루는 산들로 덮인 해안 - 들을 알아볼 수 있을 만큼 밝았습니다. 조금 더 멀리 바다 위로 솟아오르고 있는 두세 개의 섬들을 볼 수 있었습니다. 그 위치와 모양은 우리가 기대하고 있던 것 - 아일랜드 북서부 끝부분 - 과 닮아 있었습니다. 우리는 환호성을 질렀습니다. 바람만 계속 불어 준다면 다음 날 항구에 도착할 것이 분명했습니다. 선장은 마지막 남은 브랜디를 선원들에게 돌렸습니다. 그리고 우리는 이 반가운 광경을 본 기쁨에 남은 빵을 다 먹었습니다. 그때, 항해사가 심각한 어조로,

"아무래도 저게 육지인지 확신이 가지 않는 걸"

하고 말했습니다. 일반 선원 중에 누군가가 그렇게 얘기했다면 우리는 그를 흠씬 두들겨패 주었을 것입니다. 하지만 그 말을 한 것은 항해사였기 때문에 모두 설왕설래할 뿐이었습니다. 그 문제는 바로 밑에서부터 올라오는 해가 섬들에 점점 가까이

접근하면서 우리가 본 그 작은 섬들 중에 하나가 붉게 변하면서 쉽게 판결이 났습니다. 우리 모두는 너무 성급했던 것입니다. 우리가 본 육지는 단지 구름에 지나지 않았던 것입니다. 약 반 시간이 지나자 우리가 보았던 모든 것들은 흔적도 없이 사라져 버렸습니다.

종종 선원들이 신기루들에 속는 일도 있기는 하지만, 우리의 사기가 얼마나 떨어졌는지 당신은 아마 상상할 수 없을 것입니다. 그러나 우리는 육지가 멀지 않았고 만일 바람이 계속 불어준다면 곧 육지에 도착할 수 있을 것이라고 스스로를 위안했습니다.

바로 그날, 우리에게 불어 주던 순풍이 멎었고 다음 날 아침엔 남서쪽으로부터 강풍이 우리 배의 진행 방향과 정반대로 불기 시작했습니다. 그 바람은 2주간 계속해서 불었습니다. 파손된 부분이 너무 많아서 우리는 배를 돌려 바람이 항상 부서진 부분을 스쳐가도록 해야만 했습니다. 그 바람의 방향이 바뀌지 않고 계속 불어와서 우리는 항구로부터 훨씬 더 멀리 밀려나게 되었습니다. 스코틀랜드 서부에서 아주 먼 거리에 있었는데, 우리를 구해 줄 다른 배들을 만날 수 있는 항로에서도 한참 떨어져 있었습니다. 우리는 우리 배가 그해 그 계절에 그 바다에 있는 최초의 배일 것이라고 생각했습니다.

우리가 가진 식량은 아주 부족했습니다. 소금에 절인 대구 반 마리가 하루 종일 12명의 사람들이 먹을 식량 전부였습니다. 많은 양의 마실 물은 있었지만 술이나 빵도 없었고 추운 날씨에 입을 옷도 없었습니다. 또 우리는 배가 계속 물 위에 떠 있도록 끊임없이 펌프질을 해야만 했는데, 그렇게 심한 노동과 그토록 적은 양의 식량은 우리들을 급속도로 빨리 지치게 만들었습니다. 결국 한 사람이 죽었습니다. 그러나 우리의 공포에 비하면 고난은 가벼운 것이었습니다. 우리는 우리가 굶어 죽거나 정신이 이상해져서 서로서로를 잡아먹게 되진 않을까 두려웠습니다. 우리의 희망은 매일매일 희미해져 갔습니다.

바로 그때, 더 심각한 문제가 나를 겨냥해서 생겨났습니다. 우리가 겪은 모든 일들로 성질이 뒤틀려 버린 선장이 내가 그 모든 문제들의 원인이라는 생각을 하게 된 것 같았습니다. 그는 만일 나를 바다에 던져 버린다면 나머지 사람들이 죽음에서 구해질 것이라고 확신하고 있었습니다. 그가 나를 바다에 던져 버릴 계획을 하고 있었다고는 생각하지 않지만, 하루 종일 이런 말들을 내 귀에 대고 반복하는 통에 나는 불안해질 수밖에 없었습니다. 특히 내 양심이 그가 옳다는 말을 해준 뒤로는 말입니다. 나는 내게 일어난 모든 일들이 나 때문에 일어났을지도 모른다고 생각했습니다. 마침내 하나님께서 내게 책임을 묻기로 결심하셨던 것입니다.

하지만 항해를 계속하면서 난 더욱 희망에 부풀어 오르게 되었습니다. 육지에 도착하는 희망을 버리려고 했을 때, 우리가 소원해왔던 바로 그 방향으로 바람이 불기 시작했습니다. 우리는 바른 방향으로 뱃머리를 다시 돌리고 파손된 부분을 완전히 물 밖으로 계속 나오게 할 수 있었습니다. 얼마 남지 않은 돛이 버틸 수 있는 한 부드럽게 항해를 했고, 결국 우리는 다시 한 번 육지를 보게 되었습니다.

먼저 보인 것은 토리 섬이었습니다. 그리고 바로 다음 날 우리는 아일랜드의 러프스윌리에 닻을 내렸습니다. 이 날이 4월 8일이었고 거대한 폭풍이 바다에서 우리를 덮쳤던 그때로부터 4주가 지난 후였습니다. 항구에 막 들어섰을 때, 우리의 마지막 남은 식량은 솥에서 끓고 있었습니다. 항구에 도착한 후 두 시간도 지나지 않아 엄청난 바람이 불기 시작했습니다. 만일 우리가 그날 밤 그렇게 배가 파손된 상태로 바다에 있었더라면 두 말할 것도 없이 바다에 가라앉고 말았을 것입니다.

이때쯤 나의 기도를 들으시고 응답하시는 하나님이 계시다는 것을 깨닫기 시작했습니다. 주님께서는 얼마나 많은 위험에서 나를 구해내셨을까요!

그럼에도 불구하고 나는 여전히 그분께 내 마음을 드릴 만큼 충분히 감사해 하지도 믿음이 강하지도 않았습니다.

아홉 번째 편지

깨달음

내 친애하는 하웨이스 씨에게,

이야기를 계속하기에 앞서 이때 내가 겪고 있었던 일들에 대한 더 분명한 설명을 해줄 수 있도록 잠시 지난일을 다시 되돌아보고 싶군요. 비록 나뿐 아니라 다른 사람들도 추위와 배고픔과 피로, 그리고 굶어 죽거나 배가 가라앉을지도 모른다는 공포를 느끼고 있긴 했어도 위험에서 우리를 구출해 주신 하나님의 손길을 조금이나마 깨달은 사람이 나 하나뿐이었다는 사실은 정말 이상한 일이 아닐 수 없습니다.

이제 나는 주님께서 그 일을 하시지 않으면 결코 그 어떤 일도 이루어지지 않는다는 것을 잘 알고 있습니다. 나와 함께 있던 사람들은 어떠한 영향도 받지 않았고 곧 겪었던 모든 일들을 잊어버리고 말았습니다. 나는 그들보다 더 낫지도 현명하지도 않았지만 주님께서는 기꺼이 나 - 그 배에서 가장 그것을 받을 것 같지 않은 사람 - 에게 그 특별한 은혜를 주셨습니다. 이전의 나는 주님께서 나를 꾸짖으시는 것처럼 보일 때마다 항상 내 마음을 무심하게 만들었습니다. 주님께서 하시는 그 일이 그분께 선한 일로 여겨졌다는 것을 제외하고는 나는 그 은혜에 대한 어떤 이유도 댈 수 없습니다.

이러한 것들을 함께 얘기할 사람은 단 한 명도 배에 타고 있지 않았고 충고를 구할 사람조차 없었습니다. 책에 대해 이야기하자면, 나는 신약성경과 이미 언급했던 스탠호프의 책과 베버리지 주교의 설교집을 가지고 있었습니다. 그 중 십자가에 관한 설교에서는 정말 깊은 감동을 받았습니다. 또 누가복음 13장의 무화과나무의 비유와 디모데전서 1장의 바울의 이야기, 그리고 특히 누가복음 15장의 탕자의 비유를 읽고 깊은 인상을 받았습니다. 나는 나보다 더 그 탕자 같은 사람은 없을 거라고 생각했습니다. 돌아온 탕자를 받아 줄 뿐 아니라 그를 만나기 위해 달려가기까지 하는 아버지의 선함 - 회개하고 돌아오는 죄인들을 향한 주님의 선하심을 보여 주는 이야기 - 은 정말로 나를 감동시켰습니다.

그 당시 나는 많은 시간을 기도하며 보냈습니다. 주님께서는 육신적으로 나를 구해 주셨고, 나는 그것이 유지되도록 주님께 의지하고 있었습니다. 우리가 계속해서 겪었던 그 어려운 상황들은, 나로 하여금 마음을 진정시켜 주실 단 한 분이신 하나님을 더욱 절실하고 열성적으로 찾도록 만들었습니다. 때때로 나는 생각했습니다. 만일 내가 믿음이 있는 사람이라는 확신이 있다면 기꺼이 굶어 죽을 수도 있을 것이라고. 그러나 나는 아무런 확신도 얻을 수 없었습니다. 다만 아일랜드에 도착하기 전에 마음속에서 그 복음이 사실이라는 것과 그것이야말로 나의 필요에 꼭 맞는 것임을 확신하게 되었습니다. 하나님께서 자비로우실 뿐만 아니라 죄를 용서하시도록 한 것은 바로 예수 그리스도의 순종과 고난이었음을 알게 되었습니다. 그때 나는 세상과 하나님을 화해시키는, 예수 그리스도의 육체에 분명히 확증된 놀라운 하나님의 가르침을 진정으로 믿게 되었습니다.

나는 예수 그리스도께서 단지 신분이 높은 종이거나 기껏해야 반쪽 하나님이라고 말하는 신학이론을 한 번도 들어본 적이 없었음을 다행으로 생각합니다. 나는 구원자가 필요했고 그분을 신약성경에서 찾았습니다. 하나님께서는 엄청난 일을 해 놓으셨던 것입니다. 나는 더 이상 신앙심 없는 방탕한 인간이 아니었습니다. 내 지난 나날들의 사악함에서 진정으로 돌아서고, 내가 겪은 숱한 위험들 속에서 나를 이끌어 주신 하나님의 은총을 분명히 자각하며 더욱 진지하게 변했습니다. 나는 그릇되게 써 버린 지난 과거를 참회했습니다. 그리고 내 자신을 완전히 바꾸겠노라 결심했습니다. 한때 제2의 천성이었던 욕설을 하던 버릇에서 자유롭게 되었습니다. 외적으로 모든 면에 있어 새로운 사람이었습니다.

나는 성령님께서 내 안에 있는 하나님의 권능을 이용하여 이 일을 하셨음을 확신합니다. 하지만 어떤 면에서 나는 진리 전체를 깨달은 것이 아니었습니다. 분명히 내가 지은 엄청난 죄들은 알고 있었지만, 내 마음 자체가 악하다는 것은 거의 의식하지 못하고 있었습니다. 나는 영적인 원리들이나 예수 그리스도를 의지해 하나님과의 교제를 향유하는 그리스도인들의 숨겨진 삶, 그리고 매 시간마다 지혜와 힘과 위안을 얻기 위해 주님을 의지해야 하는 것을 전혀 이해하지 못하고 있었습니다.

미래의 삶에서 더 잘 살기 위해 여전히 내 자신의 능력에 의존하고 있었던 것입니다.

나에게는 내 의로움만큼이나 죄를 짓지 않으려는 결단력이 부족하다는 것을 말해 줄 동료 그리스도인이나 신실한 목사가 없었습니다. 나는 진지한 책들을 찾기 시작했습니다. 하지만 어떤 책이 좋은가를 몰랐기 때문에 종종 그릇된 판단을 하곤 했습니다. 조금씩 또한 종종 고통스러운 경험을 통해 주님으로부터 많은 것을 배웠습니다. 전처럼 악한 동료들로 둘러싸여 있었지만 이제 더 이상 죄를 흉내내거나 성스러운 것들에 대한 농담을 할 수 없었습니다. 이제 나는 성경의 진실성을 전혀 의심하지 않았으며, 내가 죄를 지었을 때 내 양심이 내게 가하는 질책도 억제하지 않았습니다. 지금 나는 이때를 하나님을 향한 나의 회귀 - 또는 하나님께서 다시 내게 돌아오심 - 의 시작이라고 생각합니다. 하지만 지금 내가 가진 지식으로 볼 때, 어느 정도 시간이 흐를 때까지 나는 완전한 의미의 그리스도인은 아니었다고 확신합니다.

하웨이스! 당신에게 이미 말했듯이 그 시련의 시간 동안 우리들은 마실 물이 충분하다는 사실로 스스로를 위안했었습니다. 식량의 대부분은 소금에 절인 생선이었고 빵은 전혀 없었으므로 우리 모두는 물이 동이 나는 것은 전혀 걱정을 하지 않고 마음껏 물을 마셨습니다. 아일랜드에 무사히 도착하고 나서야 큰 물통 중 대여섯 개가 비어 있음을 알게 되었습니다. 그것들은 우리가 폭풍과 싸우고 있었을 때 심한 배의 흔들림으로 있던 자리를 벗어나면서 생긴 구멍 때문이었습니다.

우리 배가 러프스윌리에서 수리를 받는 동안, 나는 런던데리로 갔습니다. 선량한 사람들의 가정에 하숙을 했는데, 그들이 친절하게 잘 돌봐준 덕택에 나는 곧 건강과 기력을 다시 회복할 수 있었습니다. 나는 하루에 두 번씩 교회 기도회에 참석했습니다. 나는 그곳 목사에게 다음 기회에 성례를 받고 싶다고 말했습니다.

그날이 되자 나는 아주 일찍 일어나 주님께 영원히 그분만의 것이라고 주의깊게 은밀한 기도로써 다시 고백했습니다. 이것은 신실한 항복이었습니다. 비록 후에 사탄의 교활한 유혹으로 그 서약들을 잊어버리게 되었지만, 나는 내가 가진 모든 지식에 합당한 생활을 했습니다. 비록 구원의 복음에 대한 나의 지식은 미약했어도, 그날 주님의 탁자에서 전에는 결코 몰랐던 평안과 만족을 경험할 수 있었습니다.

다음 날 나는 런던데리의 시장과 다른 몇 사람들과 함께 사냥을 갔습니다. 나는 뒤로 엽총을 끌며 가파른 비탈을 올라가고 있었는데, 갑자기 얼굴 가까이에서 총이 발사되는 바람에 내 모자의 가장자리가 타버리는 일이 생겼습니다. 가장 안전하다고 생각할 그때, 모든 세상이 파멸시킬 목적으로 공모라도 하듯이 여전히 우리는 위험에 처해 있는 것입니다. 나는 육지에서든 바다에서든 나를 지키기 위해서는 하나님께 의지해야 한다는 것을 깨닫게 되었습니다.

아일랜드에 머무는 동안 나는 집에 편지를 썼습니다. 사람들은 내가 타고 왔던 배로부터 일 년 반 넘게 아무런 소식도 없자 오래 전에 이미 실종된 것으로 포기해 버린 터였습니다. 내가 살아 있다는 소식을 들을 것이라고 꿈에도 생각하지 못하고 계셨던 아버지는 캐나다의 허드슨 베이에 있는 요크 포트의 총독으로 가기 위해 런던을 떠날 채비를 이미 다 해 놓은 상태였습니다. 그리고 영국을 떠난 아버지께서는 다시는 돌아오시지 않았습니다. 아버지는 내가 쓴 편지를 떠나기 단지 며칠 전에야 받으셨고 내가 영국에 도착했을 때는 이미 항해를 떠난 후였습니다. 아버지는 나를 데려 가고 싶어하셨지만 하나님의 계획은 그렇지 않았습니다. 이런저런 방해들이 출발을 지연시키는 바람에 우리는 너무 늦어 버리게 될 때까지 아일랜드에 머물게 되었던 것입니다.

마침내 나는 아버지로부터 두세 통의 애정어린 편지를 받을 수 있었습니다. 하지만 다시는 아버지를 만날 수 없었습니다. 삼 년이 지나고 내 젊은 시절의 불복종들이 끼쳐드린 고통에 대해 아버지께 용서를 구할 수 있을 것이라고 기대했습니다. 그러나 막상 타고 오시기로 했던 그 배가 도착했을 때, 아버지는 어디에도 안 계셨습니다.

아버지께서는 영국을 떠나기 전, 켄트에 있는 내 친구들을 찾아가셔서 그렇게 오랫동안 얘기되어 왔던 그 결혼에 대한 허락을 전하셨습니다. 그래서 내가 돌아왔을 때, 단 한 사람 바로 그녀의 허락만 얻으면 된다는 것을 알게 되었습니다. 그리고 나는 그녀를 처음 보았던 그날만큼이나 모든 것이 불확실하게만 느껴졌습니다.

1748년 5월의 마지막 날, 아버지께서 떠나시던 바로 그날즈음, 나는 리버풀에 도착했습니다. 하지만 하나님께서는 나에게 다른 아버지를 찾아 주셨습니다. 그는 바로 나를 집으로 데려온 배의 소유주였습니다. 그는 대단한 호의와 강한 우정의 확신으로 나를 받아 주었습니다. 그는 그가 할 수 있는 모든 방법으로 나를 도와주겠다고 장담했습니다. 하지만 만일 돌아오는 길에 주님께서 나를 구해 주시지 않았다면, 그가 나를 위해 할 수 있었던 어떤 일도 소용없었을 것입니다.

그는 심지어 선장 자리를 제안하기도 했습니다. 하지만 나는 그것을 정중히 거절했습니다. 지난 시절 너무 불안정하고 부주의했기 때문에 또 다른 항해를 통해 복종하는 법을 배우는 것이 더 낫겠다고 생각했습니다. 또한 나는 한 배 전체의 책임을 떠맡는 것에 동의하기 전에 사업에 있어 경험을 더 쌓고 싶기도 했습니다.

내가 타고 왔던 배의 항해사는 다른 배의 선장이 되었는데, 나는 그에게 부탁해서 그의 항해사로 배에 오르게 되었습니다.

나는 런던에 잠시 머물기 위해 갔습니다. 그러나 나의 사랑 메리를 볼 기회는 한 번밖에 가지질 못했습니다. 그녀에 대해 내가 품고 있는 나의 감정을 고백하는 것에 지독히 서툴렀습니다. 그래서 런던에 도착한 후 나는 그녀에게 나의 뜻을 전하는 편지를 썼습니다. 비록 조심스러웠지만 그녀의 답장은 나를 만족시켰습니다. 그녀는 어느 누구와도 연애 관계에 있지 않았고 나의 새 항해가 끝날 때까지 나를 기꺼이 기다려 주기로 했던 것입니다.

열 번째 편지

노예상인이 되어

친애하는 하웨이스 씨에게,

여러 척의 배들이 항구로 들어오는 것이 보이는 자리에 서 본 적이 있습니까? 가끔 항구 선창에 서서 여러 척의 배들을 바라보고 있노라면 그런 인상을 받을 수 있습니다. 항구로 들어오는 모든 배들은 몇 가지의 공통점을 가지고 있는데 그것은 방향을 찾는 나침반과 눈에 보이는 항구, 그리고 모든 조타수들이 갖추어야 할 항해에 대한 일반 규칙들입니다.

또 서로 다른 점도 있습니다. 그 어떤 배도 다른 배와 동시에 같은 양의 바람과 같은 날씨를 겪는 법은 없습니다. 어떤 배들은 한순간 순풍을 받다가 그들이 거의 집에 도착했다고 생각하는 순간, 갑자기 바람이 바뀌는 경험을 하기도 합니다. 그리고 어떤 배들은 심한 폭풍의 위협을 받아 암초에 부딪히기 바로 직전, 그것을 피해 안전하게 고향으로 돌아오기도 합니다.

어떤 배들은 처음부터 최악의 어려움에 직면하게 됩니다. 그 배들은 폭풍우 속에 내쳐져 처참하게 부서지기도 하지만, 마침내 파도가 잠들면 더 이상 재난에 시달리지 않고 항해를 계속해서 짐을 한가득 싣고 항구에 돌아옵니다. 어떤 배들은 적선(敵船)에 의해 끊임없이 추격을 받아 적들과 싸워서 벗어나야 할 때도 있습니다. 어떤 배들은 예기치 않은 일 따위는 전혀 일어나지 않는 순항을 하기도 합니다.

그리스도인으로서의 우리 삶도 바로 항해하는 일과 다를 것이 없습니다. 위에 적은 직유법을 양해해 주시기 바랍니다. 단지 저는 그런 문제들에 대하여 아주 오랫동안 생각해왔기 때문입니다. 진정한 그리스도인이라면, 모두가 동일한 규칙을 따르고 같은 일들에 주의를 기울여야 할 것입니다. 그들에게 있어 하나님의 말씀은 나침반과 같습니다. 우리 주 예수 그리스도는 그들의 북극성이자 의(義)의 태양입니다. 그들의 마음과 얼굴은 모두 하나님의 나라를 향하고 있습니다. 그들은 한 몸이며, 한 분이신 성령님께서 거하고 계십니다. 하지만 그들이 겪는 경험들은 이렇게 동일한 원리에 그 기반을 두고 있음에도 전혀 다른 모습으로 나타납니다.

주님께서는 각각의 사람에게 맡기신 특정한 봉사와 고난들은 물론, 그가 처한 환경과 기질, 그리고 다양한 재능까지 모두 알고 계십니다. 어떤 사람은 다른 사람들보다 더 평탄한 인생의 행로를 걷기도 합니다. 그러나 대부분의 사람들은 때때로 닥쳐오는 시련을 겪기 마련입니다. “바람의 날개 위로 거니시고”(시 104:3) “손바닥으로 물들을 헤아리시는”(사 40:12) 그분께서는 어느 누구라도 자신의 보호 아래 있는 사람들을 폭풍 속에서 죽게 내버려 두시지 않을 것입니다. 비록 성급한 사람들은 희망을 쉽게 포기해 버리기도 하지만 말입니다.

결코 다른 사람들의 경험이 우리를 구속하는 법이 되게 하거나 우리의 경험이 다른 사람들의 법이 되게 만들어서는 안 됩니다. 내 개인의 역사는 흔한 것이 아닙니다. 나는 단 한 사람도 나 같은 간증을 하는 사람을 본 적이 없습니다. 내 지난 시절만큼 사악한 처지로부터 회복되었던 사람은 극소수에 지나지 않을 것입니다. 그런 사람들은 아주 깊이 자신들의 죄를 자각한 사람들이었고, 주님께서는 그런 사람들에게 평안과 대개의 경우보다 더욱 열정적이고 빛나는 고무적인 미래를 주십니다.

나의 죄에 대한 자각은 그때 내가 기대했던 것만큼 그렇게 강하지 못했습니다. 그 말은 주님께서 아주 정당하게, 나를 가장 비참한 상태로 끌어내리시고 아주 호된 질책을 내리실 수도 있었다는 것입니다. 그리고 내 믿음의 첫걸음은 당신도 생각할 수 있듯이 아주 미약한 것이었습니다. 나는 결코 예레미야 2:2이나 요한계시록 2:4에 언급 되었듯이 그 첫사랑의 때를 알지 못했습니다.

『가서 예루살렘의 귀에 외쳐 말하라. 주가 이같이 말하노라. 내가 너를 기억하나니, 즉 네 젊은 시절의 친절과 네 정혼할 때의 사랑이니 그때 네가 씨 뿌리지 못한 땅 광야에서 나를 좇았느니라』(렘 2:2).

『그러나 너를 책망할 것이 다소 있나니, 이는 네가 너의 첫사랑을 저버린 것 때문이라』(계 2:4).

당신은 이렇게 생각할지도 모릅니다. 그처럼 놀랍고 뜻하지 않았던 구원 후에, 그러니까 모든 것들을 바로 볼 수 있도록 나의 눈이 약간 뜨인 후에, 내가 즉시 주님을 향한 열렬한 광신자가 되거나 사도 바울처럼 더 이상 혈과 육의 생각을 따르지 않게 되었을 것이라고 말입니다.

하지만 나는 그렇지 않았습니다. 기도하는 법을 배웠고 하나님의 말씀을 소중하게 생각했으며 더 이상 술주정뱅이도 아니었고 모든 악을 다 버렸지만, 여전히 내 영혼은 죄악을 사랑하고 있었습니다.

항해를 시작하고 리버풀을 떠난 후, 내 헌신적 신앙은 곧 나태해지게 되었습니다. 나는 여기저기 농담을 늘어놓고 다니며 방탕한 삶을 추구했습니다. 양심은 나를 책망했지만 나는 들으려 하지 않았습니다. 나의 영적 갑옷은 사라졌고 빠른 속도로 하나님으로부터 멀어져 갔습니다. 기니에 도착했을 즈음, 나는 누가 봐도 내가 하나님의 은혜를 완전히 잊어버렸다고 생각할 그런 삶을 살고 있었습니다. 비록 신성을 모독하거나 헛되이 하나님의 이름을 일컫지는 않았지만, 내 영적인 적은 내 앞에 유혹의 식탁을 잔뜩 차려놓았고, 나는 그에게 아주 쉬운 먹잇감에 지나지 않았습니다. 약 한 달간 사탄은 나를 영적으로 서서히 흔들어 잠재워갔습니다. 나는 스스로 더 이상 할 수 없으리라고 생각했던 악한 짓들을 행하게 되었던 것입니다.

죄는 처음에는 속이고 그 다음엔 굳어지게 됩니다. 나는 유혹의 쇠사슬에 꽁꽁 묶여 있지는 않았지만 스스로 풀 힘이 없었고 그럴 마음도 없었습니다. 때때로 나는 내가 겪었던 고난들을 떠올리곤 했습니다. 하지만 내가 죄 가운데서 벗어나려고 할수록 더욱 깊이 가라앉을 뿐이었습니다.

나는 마치 이렇게 말했던 삼손과 같았습니다.

『내가 이전처럼 나가서 몸을 흔들어 버리리라』(판 16:20).

하지만 주님은 이미 그로부터 떠난 후였고, 삼손은 적들의 손에서 무기력했습니다. 나는 종종 내 인생에서 그런 때를 - 그리고 지금까지도 혼자서는 너무 약한 내가 하늘의 주님께서 내려 주시는 능력과 은혜의 지속적인 새로운 공급 없이는 단 한 시간도 견딜 수 없다는 것을 - 떠올려 봅니다.

마침내 무한한 용서와 권능의 하나님께서 개입하시고 멈추라는 명령을 내리셨습니다. 바로 그 항해에서 나의 임무는 노예를 사기 위해 여기저기를 찾아다니는 것이었습니다. 나는 시에라리온에서 하선한 뒤, 예전에 잡혀 있었던 플랜테인즈로 갔습니다. 그곳의 모든 사람들은 갑자기 나타난 나로 인해 한바탕

야단법석을 떨었습니다. 심지어 나를 경멸하던 자들조차도 말입니다. 내가 심었던 라임나무는 높이 자라 있었고, 한 해만 더 지나면 열매도 맺을 것 같았습니다. 나는 나의 배를 가지고 돌아와 그 열매를 따면서 전 주인의 예언을 실현시킬 참이었습니다. 하지만 그곳에 도착하자마자 고열로 자리에 눕게 되었고, 그때서야 주님께서 나에게 오실 수 있었습니다. 하나님께서는 내가 깊이 빠져 있던 악습을 부수어 버리시고 정신을 차리도록 해주셨습니다.

주님께서 나를 위험들로부터 구하셨던 것과, 어려움을 겪으며 했던 비통에 잠긴 기도, 그분의 탁자에 앉던 날, 주님 앞에 드렸던 그 엄숙했던 서약들, 그리고 그분의 나를 향한 크신 사랑에도 불구하고 사악하고 무심했던 나의 태도 - 그 모든 것들이 동시에 내 마음속에 떠올랐습니다. 나는 그 북대서양 폭풍이 몰아칠 때, 돼지들과 닭들과 함께 바다로 실려 가 버렸으면 하고 바라기 시작했습니다. 그리고 주님께서 다시 나를 엄하게 다스리고 계셨기 때문에, 처음으로 나는 내 희망의 문이 완전히 닫혀 버리는 것처럼 느껴졌습니다.

나는 의식이 거의 혼미해지고 병약한 상태에서 침대에서 나와 그 섬의 외진 곳으로 기어 갔습니다. 그곳에서 아무런 방해 없이 이제까지 결코 해 본 적 없는 기도를 올릴 수 있었습니다. 나는 더 이상 더 나은 사람이 되겠다는 서약을 하지 않았습니다. 단지 그분이 내게 무엇을 원하시든지 내 자신을 송두리째 주님께 드리겠다는 마음뿐이었습니다. 나에게는 그 어떤 선한 일이라도 할 수 있는 힘이 조금도 없었습니다. 내가 할 수 있는 것은 날 위해 십자가에서 돌아가신 예수 그리스도의 발 아래로 스스로를 던져 이제껏 해 본 적 없었던 방식으로 그분의 선하심을 받아들이는 것이었습니다.

나는 주님의 용서를 구하기 위해 기도를 드렸고 내 양심으로부터 무거운 짐이 걷혀진 것을 느낄 수 있었습니다. 마음의 평화가 돌아왔을 뿐만 아니라 건강도 회복되었습니다. 순간적으로 일어난 것은 아니었지만, 이틀 후 배가 있는 곳으로 돌아와서 배에 오르기 전까지 나는 완전히 회복되어 있었습니다.

나는 그 날을 내 영적인 경험에 있어서의 전환점으로 기억합니다. 그때 죄의 힘과 지배권 아래로부터 구출되는 은혜를 입은 것입니다. 비록 내가 오늘날까지도 여전히 내 죄의 본성으로부터 공격을 받고 유혹과 갈등의 “짐을 지고, 늘 신음하고”

있지만 말입니다.

『이 장막 집에 있는 우리가 짐을 지고 신음하는 것은 벗으려는 것이 아니라 옷입혀지고자 함이니 이는 죽을 것이 생명에 의해서 삼켜지는 것이라』(고후 5:4).

나는 이제까지 했던 것과 완전히 다르게 기도로 주님을 섬기기 시작했습니다. 그리고 그 이후 때때로 성령을 슬프게 해 드리고 어리석게 주님으로부터 떨어져 방황하기도 했지만, 그분의 권능과 은혜는 더 이상 죄악의 삶으로 떠나가지 않도록 나를 보호해 주고 계십니다. 나는 죽는 날까지 나의 안내자이자 보호자로 함께 해 주실 그분의 자비와 약속들을 겸손한 마음으로 믿고 있습니다.

나는 내 여가 시간들을 완전히 잊고 있었던 라틴어를 배우는데 썼습니다. 그렇게 하려는 생각은 한 잡지에서 읽었던 호레이스의 시에 나오는 충고로부터 얻은 것이었습니다. 잠도 자지 않고 몰두하여 공부한 덕택으로 영국으로 돌아오기 전에 나는 라틴어에 있어 상당한 진전을 볼 수 있었습니다. 많은 시들과 편지들의 의미를 이해했을 뿐만 아니라, 그 글들의 아름다움을 알고 감상하며 고전작품들에 대한 진정한 열정을 키워가기 시작했습니다. 사실 나는 라틴어에 능통한 그 어떤 사람보다도 더 많이 호레이스의 작품을 외우고 있었을 것입니다. 도움을 얻기 위해 참고할 책이 너무 없었기 때문에 보통 내가 그것이 의미하는 바를 완전히 이해할 때까지 한 단락을 다 암기 해버렸던 것입니다.

해안선을 오르내리며 무역을 하던 그 여덟 달 동안, 나는 타오르는 태양과 차가운 안개 또, 바람과 비와 번개에 이르기까지 수많은 위험과 위기상황에 노출되었습니다. 보트 안에서나 해안에서, 그리고 잔인하고 위험한 원주민들이 호심탐탐 원한을 갚을 기회를 살피는 정글에서 온갖 위험한 순간을 다 겪었습니다.

대여섯 척의 보트들이 납치되었고 몇몇 백인들은 독살되기도 했습니다. 나는 열병으로 죽어간 예닐곱 명의 부하들을 땅에 묻었습니다. 해변으로 가거나 카누를 타고 돌아오면서 몇 번이나 강한 파도에 배가 전복되기도 했습니다. 나는 수영을 할 줄 몰랐습니다. 하지만 매번 누군가가 거의 죽게 된 나를 구해서 육지까지 끌어 주곤 했습니다.

친애하는 하웨이스여, 나는 항해 중에 일어난 수많은 이야기들을 간직하고 있습니다. 잊어버린 것도 많지만 말입니다. 그 중에 한 이야기를 들려 드리지요. 이 이야기는 여러 가지 이야기 중에서도 아주 전형적인 이야기입니다.

무역이 끝나고, 우리 배가 노예들을 데려가기 위해 서인도제도로 막 출발하려던 참에, 나무와 물을 구하기 위해 나는 육지로 가야만 했습니다. 그때 우리는 리오 세스토어스에 있었는데, 주로 오후에 바다 미풍을 받으며 강을 타고 가서 저녁에 선적할 물건을 산 다음, 아침에 육풍을 받으며 배로 돌아오곤 했습니다. 비록 우리의 보트는 낡고 사용하기에 적합하지 않았지만 나는 전에 이러한 항해를 몇 번이나 했던 적이 있었습니다.

나는 선장과 점심식사를 마치고 그의 명령을 받아 로프를 타고 내려와 옆에 있는 보트에 탔습니다. 그런데 막 출발하려던 찰나에 갑자기 선장이 선실에서 올라와서 다시 배로 올라오라는 것이었습니다. 나는 그가 내게 내릴 명령이 더 있나보다 생각하고 그에게 갔습니다. 하지만 그는 나보고 배에 남으라고 말했고 다른 선원에게 나를 대신해서 가라고 명령했습니다. 나는 그때 깜짝 놀랐습니다. 그가 그런 적은 한 번도 없었기 때문이었습니다. 이런 임무에는 내가 항상 그 보트에 탔었습니다.

나는 선장에게 왜 나를 배에 잡아 두려는지 물었지만 그는 내게 확실한 이유도 말해 주지 않았습니다. 그 자신도 왜 그렇게 하는지 모르는 것 같았습니다.

그래서 그 보트는 나를 빼고 출발해야 했습니다 - 그리고 다시는 돌아오지 않았습니다. 그 보트는 그날 밤 강에 가라앉아 버렸고 나를 대신해서 갔던 그 사람은 익사하고 말았던 것입니다.

다음 날 그 소식을 들었을 때, 나는 소스라치게 놀랐습니다. 그리고 무신론자였던 선장도 나만큼이나 놀랐습니다. 그는 갑자기 내가 가서는 안 된다는 생각이 들었다는 것 말고는 다시 나를 불러 올릴 만한 그 어떤 이유도 없었다는 것이었습니다.

열한 번째 편지

결 혼

친애하는 하웨이스 씨에게,

하나님께서 죽음으로부터 나를 구해 주신 놀라운 일이 있고 난 며칠 후, 우리는 안티구아로, 그 다음 사우스 캐롤라이나의 찰스톤으로 항해를 계속했습니다. 나는 그곳에 많은 그리스도인들이 살고 있다는 사실은 알았지만 그들을 어디서 찾을지는 몰랐습니다. 또 교회에 다니는 모든 사람들이 다 선한 그리스도인들이고 설교단에서 설교하는 사람들도 모두 다 그럴 것이라고 생각했습니다. 스미스라는 목사가 하는 설교를 들을 기회가 두세 번 정도 있었는데 이후 내가 알게 된 사실에 비추어 볼 때, 아마도 그는 가장 탁월하고 강력한 복음 설교자 중 하나였을 겁니다. 하지만 그의 태도에서 어떤 부분이 나에게는 이상하게 느껴졌고 그가 말하는 것들을 내가 이해할 수 있을 것 같지도 않았습니다.

인간이 할 수 있는 최고의 설교는 성령님께서 그것을 설명해 주시고 또 하나님께서 열어 주신 그 마음속에 적용시켜 주실 때까지 아무런 영향력을 가질 수 없습니다. 그때 주님께서는 그분께서 내 자신의 경험들과 묵상들을 통해 이해하도록 하신 것만 내가 배우기를 원하셨던 것입니다.

어린 그리스도인으로서의 나의 행동은 아주 모순되는 것이었습니다. 거의 매일 일을 하다 시간이 날 때마다, 나는 숲과 들판을 거닐며 찬송과 기도로써 하나님과 교제를 하곤 했습니다. 하지만 저녁이 되면 뭔가 재미거리를 찾는 사람들과 함께 어울렸습니다. 그러나 그들이 하는 일에 참여하고 싶은 마음은 없었습니다. 단지 그 옆에서 지켜볼 뿐이었습니다. 그러한 어리석은 짓들에 대해 나는 더 이상 강한 흥미를 느끼지 않았던 것입니다.

그러나 솔직히 말해서, 그때 나는 세상과 세속적인 것들로부터 성별(聖別)할 필요성을 느끼지 못하고 있었습니다. 다만 습관적으로 친구들과 어울리고 있었던 것입니다. 하지만 하나님께서는 내가 죄악이라고 생각했던 것들로부터 나를 지켜 주셨고, 대개의 경우 나는 양심의 평안을 얻었습니다. 그리고 나의 가장 강한 욕구는 하나님의 일들에 대한 것이었습니다.

『악은 어떤 형태이든지 피하라.』(살전 5:22)는 말씀을 이해하지도 못한 채 나는 유혹의 벼랑 끝까지 서서히 다가가곤 했습니다. 하지만 주님께서는 약한 나에게 자비로우셨고, 내 영혼의 적이 내게 나쁜 일을 할 어떠한 근거도 가지지 못하게 하셨습니다. 또 나에게 차차 그런 것들이 얼마나 어리석고 불편한 것인지를 보여 주셨습니다. 주님께서 힘을 주시면서 나는 하나씩하나씩 그것들을 포기해 나갈 수 있었습니다. 하지만 이따금씩 지금의 나라면 생각조차 못한 일들을 재미삼아 저지르는 것을 완전히 그만두기까지는 여러 해가 걸려야 했습니다.

마침내, 우리는 항해를 마치고 리버풀에 도착했습니다. 뱃일이 다 정리되자 나는 런던으로 갔습니다. 그리고 당신도 예상하듯이 곧장 켄트로 향했습니다. 처음 그곳에 간 지 7년이 넘는 시간이 흘러 버렸습니다. 그리고 이제는 스스로의 고집스런 욕망들로부터 나를 보호해 주신 하나님의 모든 것을 좌우하는 그 선하심으로 내가 늘 원해왔던 바를 이룰 수 있었습니다. 모든 어리석음으로부터 나는 이미 돌아섰고 결혼을 해서 정착하는 일만이 내 생활의 주요관심사였습니다. 모든 장애물들이 다 사라졌습니다. 양측의 모든 친지들은 다 동의했고, 단지 당사자들만 결정하면 되는 상황이었습니다. 그리하여 우리는 1750년 2월 1일, 결혼식을 올렸습니다. 그때 나는 스물다섯 살이었습니다.

친애하는 하웨이스, 이제까지의 내 결혼 생활이 아주 행복하다는 것을 당신이 알아 주셨으면 합니다. 지난 8년간의 힘들었던 시간들 때문에 이것을 더더욱 감사하게 생각하는 것이라고 확신합니다. 지난 편지들을 다시 읽어 본다면 나같이 비참한 생활을 한 사람도 없다는 사실을 당신도 인정하시겠지요. 주님께서 나를 구해 주셨다는 그 사실에 경이감을 느낍니다. 왜냐하면 나는 열일곱 살 때 다시 돌이킬 수 없는 인생의 행로 속에 갇혀 버릴 수도 있었기 때문입니다. 주님께서는 적절한 때를 알고 계셨습니다. 주님께서 저를 회심시키시기 전에 우리가 결혼을 했었더라면 우리 모두는 불행해졌을 것입니다. 나는 참으로 진실한 마음으로 다윗왕의 말을 인용할 수 있습니다.

『진실로 선하심과 자비하심이 내 생애의 모든 날 동안 나를 따르리니 내가 주의 전에 영원히 거하리로다』(시 23:6).

하지만 마음은 내 생명의 하나님께 여전히 배은망덕하고 굳어 있었습니다. 당신은 마음의 기쁨을 주시는 주님의 위대한 자비로우심이 나를 평생토록 순종하고 찬송 드리게 하기에 충분하리라 생각할 겁니다. 하지만 나는 그 대신에 선물에 안주하고 그 선물을 주신 분을 잊어버리고 말았습니다. 내 마음은 있는 그대로의 상황에 만족하고 있었고 나는 영적으로 부주의해지기 시작했습니다. 여러 가지 형편들이 나빠지기 시작했습니다.

나는 운 좋게도 6월 달에 리버풀로 가라는 명령을 받았습니다. 다시 일을 하게 될 것이었습니다. 하지만 나는 돌아가고 싶지 않았습니다. 사랑하는 아내를 떠난다는 - 얼마나 오래 걸릴지도, 내 아내를 다시 볼지도 모르는 채로 - 고통은 너무 심한 것이었습니다. 하지만 주님은 나를 강하게 만들어 주셨습니다. 가난하고, 나약했으며, 우상을 사랑하던 인간이었지만, 이제 나는 주 예수 그리스도의 보혈의 은혜로 그 영광의 보좌로 가는 길을 알고 있었습니다. 그리고 그 사실에 안심하고 있었습니다.

그리고 나의 하나님께서는 계속해서 내 마음속에서 일을 하셨습니다. 신성한 삶을 살도록 하나님께서는 그분의 능력을 보여주셨고 나를 전보다 더 나은 기도의 사람으로 만드시기 위해 이 경험을 이용하셨습니다. 이전 나의 생활 방식은 지금의 나에겐 지루하고 무미한 것이었습니다. 나는 스스로를 부정했고 주님은 나를 축복해 주셨습니다.

내가 여전히 영국에 머무르고 있는 동안, 나는 아내에게 매일매일 편지를 썼습니다. 내가 바다에 있었을 때도 비록 편지 한 통 보낼 수 없는 상황이어도 일주일에 두세 번씩은 편지를 썼습니다. 그래서 항구에 도착할 때마다 나는 그 편지들을 부치곤 했습니다. 거의 200페이지에 이르는 그때의 편지들을 지금도 나는 책상 속에 가지고 있습니다. 그녀에게 편지를 쓰는 것은 나에게 많은 유익을 가져다 주었습니다. 나는 몇 가지의 서로 다른 것들에 대해 생각을 하고, 그것에 대해 그녀에게 편지를 썼습니다. 나는 자유롭게 편지를 쓰는 법을 익혔는데, 그것은 내가 전혀 해보지 않았던 것이었습니다. 주님 안에서 성장하면서 나의 편지들은 더욱 진지해졌습니다. 지금까지도 그때 내가 쓴 편지들을 읽는 것을 즐깁니다. 그 편지들은 주님께서 내 삶에서 일하셨던 많은 순간들을 떠올리게 합니다 - 그렇지 않았다면 모두 잊어버렸을 사건들을 말입니다.

1750년 8월 나는 어느 좋은 배의 선장이 되어 리버풀에서 항해를 출발하게 되었습니다. 내게는 서른 명의 선원들이 있었는데 나는 그들을 인정 있게 다루고 스스로 모범을 보이는 것이 중요하다고 생각했습니다. 나는 우리가 매주 일요일 두 번씩 공식적인 예배를 드리도록 명령을 내렸고 직접 예배를 인도했습니다.

내게는 아주 많은 여가 시간이 있었습니다. 그래서 난 라틴어를 공부하기 시작했고 그것에 아주 능하게 되었습니다. 그리하여 두세 번의 여행이 끝나기 전까지 여러 고전작품들에 아주 정통하게 되었습니다. 나는 테렌스, 버질, 시세로, 뷰캐넌, 에라스무스, 그리고 캐시미어 등이 쓴 작품을 읽었습니다. 라틴어 학자가 되어 순수하고 세련된 라틴어로 글을 쓰면 그 얼마나 좋을까 생각하기도 했습니다.

나는 실제로 에세이 몇 편을 쓰기도 했습니다. 하지만 주님께서는 저를 위한 다른 계획을 가지고 계셨습니다. 주님께서는 더욱 가까이 나를 이끄시고 더 완전한 그리스도인의 목적으로 성경 말씀 밭에 숨겨 놓은 나를 위한 "매우 값진 진주"(마 13:46)를 주셨습니다. 나는 이것을 위해서 기꺼이 새롭게 배운 해박한 라틴어 지식을 다 버릴 작정이었습니다.

나는 그런 유희로 보내기엔 인생이 너무 짧다고 생각하기 시작했습니다. 어떤 라틴어 시인이나 역사가도 내 주 예수님에 대한 말 한마디도 해줄 수 없었습니다. 그래서 그렇게 해줄 수 있는 사람의 라틴어 작품만 공부하기로 마음먹었습니다. 나는 그 고전작품들을 일주일에 단 하루 오전 동안만 공부를 했고 그것도 곧 완전히 그만두고 말았습니다. 나는 이제 조지 뷰캐넌의 시편을 책꽂이를 가득 채운 엘제비어판(Elzevirs, 문고판)들보다 더 좋아했습니다.

그와 거의 같은 시기에, 동일한 이유로 수학공부도 그만두었습니다. 수학에 너무 많은 시간을 썼을 뿐 아니라 나의 머릿속은 도표와 각종 정리들로 빼곡히 차 있었던 것입니다. 나는 나를 기쁘게 하지도 못하고 마음에 득이 되지도 않는 무의미한 사실들에 질려 버렸습니다. 주님의 삶이나 사도 바울의 글에서는 이런 종류의 무의미한 지혜의 흔적을 조금도 찾을 수 없었습니다. 나는 "빵이 아닌 것을 위해 내 수고를 쓰고" 있었던 것입니다. 주님께서는 내 앞에 "돈도 없이 값도 없이 포도주와 젖"을 차려 주셨습니다. 그것만으로도 내게는 충분했습니다.

첫 번째 항해는 나를 집으로부터 열네 달 동안 떠나 있게 했고 많은 위험과 어려움을 겪게 했습니다. 하지만 아주 놀라운 사건은 단 하나도 없었습니다. 비록 이번 처음의 항해에서 많은 일들이 나의 좌우에서 일어났지만(시편 91:7을 보시오), 주님께서는 나를 평안하고 안전하게 집으로 데려오셨습니다.

나는 1751년 11월 2일 집으로 돌아왔습니다.

열두 번째 편지

바다 위의 삶

친애하는 하웨이스 씨에게,

첫 번째와 두 번째 항해 사이 일기 - 그후 아주 귀중하다는 것을 깨닫게 된 습관 - 를 쓰기 시작했는데, 내 영적 성장에 대한 자세한 기록을 할 수 있었습니다. 나는 여전히 은혜를 감사할 줄 모르고 마음속에 악함이 그대로 자리잡고 있는 그런 때가 있었음을 인정할 수밖에 없습니다. 나는 수족처럼 나를 보좌하는 친구들로 둘러싸인 편안한 삶이 하나님께로 더 가까이 이끌어 주지는 않을 것이라는 것을 깨닫게 되었습니다. 하지만 전체적으로 보았을 때, 내가 영적인 기반을 잡은 것은 분명했습니다.

나는 기독교 교리와 경험으로의 더 깊은 통찰력을 주었던 책들을 소개받았습니다. 특히 스쿠걸이 쓴 인간의 영혼 속에 있는 하나님의 생명, 허비의 묵상, 그리고 가드너 대령의 삶 등을 즐겨 읽었습니다.

나는 일반적인 설교만 들어보았고 가깝게 지내는 그리스도인도 없었습니다. 다른 사람들이 나를 어떻게 생각할까 두려워하는 소심한 성격 탓에 신앙생활은 더 성장하지 못하고 있었습니다. 비록 기도 없이는 살 수 없었지만 그녀가 나에게 기도하자고 할 때까지 아내에게 함께 기도하자고 제안한 적도 없었습니다. 당신은 나만큼 중한 죄를 용서받은 사람이야말로 주님을 더욱 사랑하고 그분을 향한 열정으로 더 활활 타오를 것이라고 생각할 것입니다.

하지만 나에게 다시 임무가 떨어지고 1752년 7월 리버풀에서 새로운 배를 타고 출항하게 되었습니다. 바다 위의 생활은 확실히 그리스도인들과의 교제나 모임으로부터 단절시켜 버립니다. 하지만 이런 생활은 그 영혼 속에 하나님을 모신 생명이 더욱 자라나게 하는 - 특히 한 배의 지휘권을 갖고 있을 때 - 장점도 있긴 합니다. 그런 경우, 타인의 그릇된 행동을 억제하고 자신만의 계획을 세울 수 있기 때문입니다. 아프리카로 가는 상선들에서는 그것이 더더욱 쉽습니다. 왜냐하면 이런 배들에는 두 배로 많은 선원들과 장교들이 타고 있기 때문입니다. 그것은 나의 일을 아주 용이하게 만들어 주었습니다. 그리고 예외적으로 아프리카 해안에서 서둘러야 하는 무역을 제외하고는 아주 많은 여가시간을 가질 수 있었습니다.

나는 내가 사는 세계를 구성하고 있는 하늘과 대양의 넓게 펼쳐진 공간들에 대해 늘 경이감을 느꼈습니다. 그리고 하나님께서는 내 기도에 대한 매일매일의 응답으로 나를 놀라게 하셨습니다. 그 기도의 응답들은 내 신앙을 더욱 강하게 만들었고, 믿음을 가진 뱃사람이 육지에 있을 때에만 향유할 수 있을 그 이점들을 다 보상해 주셨습니다. 그리고 비록 그 당시 영적인 것들에 대한 나의 지식이 아주 부족하기는 했어도, 때때로 아쉬워하며 그 시절을 되돌아보게 됩니다. 나의 마지막 두 번의 기니로의 항해 중, 내 선실에 홀로 있을 때와 해변에서 아프리카 원주민들과 있을 때 나의 주님과 교제했던 시간들보다 더욱 달콤했던 적은 없었습니다.

나는 나를 향한 하나님의 다시 없는 선하심을 깊이 생각하며 그리고, 아마도 내가 반경 1,000마일 안에 하나님을 알고 또 교제하는 유일한 사람이라는 것을 생각하며 정처없이 정글을 걸어다녔습니다. 그때 종종 나는 프로페르티우의 아름다운 시 구절을 읊조리곤 했습니다.

나의 하나님,
당신과 함께 사막의 숲에서
사람의 발걸음이
결코 닿지 않은 그곳에서
나는 얼마나 행복한지요!
당신은 내 근심으로부터의 안식처
캄캄한 밤 암흑 가운데의 빛
고독 속 나의 친구입니다.

그 두 번째 항해에서 하나님께서는 그 당시에 내가 그것에 대해 알지도 못했던 위험들로부터 훌륭하게 보호해 주셨습니다. 한때는 내 수하의 선원들이 배를 강탈해서 해적이 되려는 계획을 세운 적이 있었습니다. 그들이 막 행동을 취하려 했을 때 – 적절한 때를 기다리던 – 그 주동자들 두 명이 병에 걸리고 말았습니다. 한 명이 죽었고, 그것으로 즉각 그 사건은 끝이 났고 결국 모든 음모가 드러나고 말았습니다. 하나님께서 개입하시지 않았다면 그 결과는 내게 아주 치명적이었을 것입니다.

배에 타고 있던 노예들은 끊임없이 모반계획을 세웠습니다. 때때로 그들은 거의 행동 실행의 단계까지 갔었습니다. 하지만 나는 항상 그것을 막을 수 있는 시점에 그것을 알아냈습니다. 나 스스로 가장 안전한 상태라고 생각할 때 갑자기 닥쳐오는 위험의 경고를 받습니다. 그리고 내가 거의 내 생명을 포기해 버렸을 때, 하나님께서는 나에게 갑작스런 구원을 주십니다.

한번은 내가 아프리카 해안 케이프마운트 근처의 마나에 있을 때였습니다. 나는 어떤 큰 거래를 지휘하고 있었고 사업상의 일로 해안에 상륙해야 할 일이 있었습니다. 나는 오전에 배를 떠났습니다. 그러나 해변가에 거의 다다랐을 때 파도가 너무 높게 쳤고, 그 바람에 상륙을 하는 것이 거의 두렵게 느껴질 정도였습니다. 파도가 그것보다 더 심했던 적도 겪었지만,

그때는 무언가 설명할 수 없는 어떤 내적인 망설임을 느꼈고 파도를 핑계삼아 배로 돌아오고 말았습니다. 내가 무역을 시작한 이후 한 번도 그렇게 한 적이 없었는데도 말입니다.

나는 곧 그 일이 왜 일어났는지 알게 되었습니다. 내가 상륙하기로 결정한 전날, 어떤 이름을 알 수 없는 사람이 나에 대한 중상(中傷)과 근거 없는 루머를 퍼뜨린 것이었습니다. 그것은 만일 내가 계획대로 상륙했다면 아마도 나머지 일생 동안 내 명예와 사업의 이권들을 송두리째 흔들어 버릴 내용이었습니다. 그 일을 알게 되었을 때 나는 무척이나 화가 났습니다. 하지만 주님께서는 그런 나를 위로해 주셨습니다. 다음 항해까지 그런 비난을 듣지 않았는데, 그때는 그런 루머가 전혀 사실을 담고 있지 않은 악의적인 속임수라고 공개적으로 얘기되었습니다.

다행히도 그런 일들은 매일 일어나지 않았고 나는 내게 가장 득이 되도록 시간을 계획할 수 있었습니다. 나는 잠과 식사 시간으로 8시간을, 운동과 영적 헌신으로 8시간을 그리고 공부에 8시간을 할당했습니다. 나는 다시 한 번 라틴어를 익혔습니다. 내 시간계획을 도표로 그려 하루를 가득 채울 수 있었고 아무 할 일도 없이 있는 시간을 거의 찾을 수 없게 되었습니다. 고전 공부는 계속 나를 분주하게 만들었지만 거기에 시간을 들일 가치가 없는 것들이었습니다. 그것은 나로 하여금 거짓된 인간의 모델과 규칙들을 훌륭한 것으로 생각하도록 재촉했기 때문이었습니다. 아마도 내가 리비우스의 책보다도 카산드라나 클레오파트라를 읽었더라면 좀더 득이 되었을 것이라고 생각합니다.

나는 아프리카의 해안에서 서인도 제도의 세인트 크리스토퍼스로 갔습니다. 그리고 그곳에서 나의 어리석음은 그것에 응당한 벌을 받게 되었습니다. 원래 내가 안티구아에 상륙하기로 되어 있었기 때문에 내게 보내는 아내의 편지들이 그곳으로 전송되었다는 사실을 몰랐습니다. 아내는 내게 편지를 쓰는 것에 있어서 항상 규칙적이었습니다. 그래서 나는 그녀로부터 아무런 편지도 받지 못하게 되자 아마도 그녀가 죽었을 것이라고 생각하게 되었습니다. 이것에 대해 생각하면 생각할수록 더욱 더 그것이 사실일 것이라는 확신이 들었습니다. 나는 식욕을 잃었고 잠도 잘 수 없었습니다. 나에게는 지속적인 복통이 생기게 되었는데, 그것은 3주간의 시간 동안 너무 악화되어서 어떤 급성질환에 걸린 것이 아닐까 생각했습니다. 사실 나는 무너진 마음으로 고통을 겪고 있었던 것이었습니다.

하지만 내가 겪고 있던 병이 전부 슬픔이었던 것은 아니었습니다. 내 양심도 한몫을 하고 있었습니다. 나는 하나님께서 그분께 불충분했던 나에게 특히, 아내에게 영적인 것들에 대해 말하기를 꺼렸던 것에 대해서, 벌을 주고 계신다고 생각했습니다. 나를 가장 아프게 했던 것은 내가 그녀와 하나님의 사랑과 나의 사랑을 나눌 기회를 영영 잃어버렸다는 사실이었습니다. 그녀가 살아 있다는 것을 알기 위해 나는 세상이라도 다 주어버릴 것이었습니다. 그녀에게 내 지난 실패들을 보상해 주기 위해 다른 기회라도 있었다면 잡고 싶었습니다.

몇 주를 그렇게 고통에 겨워하면서, 작은 배 한 척을 안티구아로 보내야겠다는 생각이 내게 떠올랐습니다. 나는 그렇게 했고, 그 배는 아내가 보낸 몇 꾸러미의 편지들을 가져다 주었습니다. 그 편지들은 즉시 내 마음의 평정 - 그리고 나의 건강도 - 을 회복시켜 주었습니다. 그녀는 살아 있었던 것입니다! 하나님께서는 내게 얼마나 인자하셨는지! 하지만 그분을 향한 내 불신과 배은망덕은 그 얼마나 사악했던지!

1753년 8월, 나는 드디어 일 년 만의 항해에서 리버풀로 돌아 왔습니다. 그리고 아주 짧은 시간, 겨우 6주 정도를 집에 머물 수 있었습니다.

열세 번째 편지

마지막 항해

친애하는 하웨이스 씨에게,

세 번째 항해를 떠나기 전, 내가 소년이었을 때 하위치호의 동료선원이었던 한 젊은 사람을 만났습니다. 처음 그를 알았을 때 그는 아주 심각한 젊은이였습니다. 그래서 그때 나는 그를 쾌활하게 만들려고 최선을 다했고 그것은 아주 성공적이었습니다.

리버풀에서 만나자마자 우리들은 이전처럼 친해지게 되었습니다. 그는 건전한 판단력을 지니고 있었고 많은 양서를 읽은 사람이었습니다. 우리의 대화는 자주 종교로 돌아갔고 나는 그가 바른 판단을 하도록 - 적어도 하나님과 관련해서는 - 최선을 다했습니다. 나는 내가 어떻게 구원을 받았고 왜 그것이 내게 있어 엄청난 변화의 계기가 되었는지를 설명했고, 그에게 할 수 있는 한 가장 명료하게 나의 간증을 해주었습니다. 나는 그를 납득시키기 위해 내가 아는 모든 논리를 사용했습니다. 내가 토론에서 그를 압도했을 때, 그는 나에게 애당초 그가 악한 죄를 짓도록 부추긴 것이 바로 나였다고 상기시키곤 했습니다. 이 점에 있어서 내가 얼마나 후회를 했는지 이루 말로 다 할 수 없습니다.

그는 어떤 배의 선장이 되어 기니로 갈 계획을 하고 있었습니다. 하지만 배가 준비되기도 전에 그의 후원자가 파산을 해 버렸고 항해는 취소되고 말았습니다. 그에게 달리 다른 일자리 제안이 없었기 때문에 나는 그에게 아프리카 해안선이 어떠한지 알아 보기 위해 내 친구로서 항해를 같이하는 것이 어떻겠냐고 제안했습니다. 나의 후원자는 기꺼이 동의했고 그가 돌아오면 그에게 일자리를 주겠다고 말했습니다.

나의 의도는 내 친구에게 사업에 대한 지식을 주기보다는 그와 구원을 이야기할 수 있는 더 많은 시간을 가지기 위함이었습니다. 나는 내 주장과 예증과 기도들이 그에게 어떤 긍정적인 영향이라도 끼치기를 바라고 있었습니다. 하지만 그것은 오판이었습니다. 나는 아주 오랜 시간 동안 그 결정을 후회했습니다.

내 친구는 아주 심한 욕설을 퍼부었으며 지속적으로 그런 행동들을 저지르는 삶을 살아왔습니다. 그의 상태는 날마다 더욱 나빠져갔습니다. 나는 그에게서 지난 시절 한때의 내 모습을 볼 수 있었습니다. 항상 코앞에서 내 과거를 상기시켜 주는 사람과 함께 생활하는 것은 정말 참기 힘든 일이었습니다.

그는 내가 하는 모든 간곡한 부탁들을 전혀 들은 척하지도 않았을 뿐 아니라, 선원들을 충동질하여 나에게 반항하기 위해 그가 할 수 있는 모든 것을 다 했습니다. 그는 아주 대담한 사람이었고 그를 억제하는 일은 나의 인내와 지혜와 권능을 요구했습니다. 그는 내게 있어 상당히 오랜 시간 동안 목에 가시 같은 존재였습니다.

결국 나는 어떤 우연한 기회에 작은 범선 한 척을 사서 내 소유의 물건들을 거기에 실었습니다. 그리고 그 배의 지휘권을 그에게 준 다음 뜻하는 대로 무역을 하러 가도록 보냈습니다. 내 배로서 그에 대한 보증을 삼아서 말입니다.

그가 떠나던 날, 나는 그에게 예수 그리스도께로 돌아서라고 다시 한 번 더 충고를 했습니다. 하지만 그가 보여 주었던 우정과 존중은 나와 극도로 다른 원칙을 가진 사람에게서나 기대할 수 있는 그런 것이었다고 생각합니다. 그는 떠나가면서 내가 했던 말에 적잖이 감동받은 것처럼 보였습니다. 하지만 실제로 나의 말들은 그에게 아무런 영향도 끼치지 못했습니다. 내게서 완전히 벗어났다는 것을 알게 되자 그는 자기가 하고 싶었던 모든 짓을 다 했습니다. 그의 광폭한 생활은 더운 날씨와 더불어 그가 악성 열병에 걸리도록 만들었습니다. 결국 그는 병에 걸린 지 며칠 되지 않아 죽고 말았습니다. 그는 나의 말이 옳다고 확신은 했지만 영적으로는 전혀 변화되지 않은 상태였습니다.

그와 함께 있었던 사람들로부터 그의 죽음에 대하여 들은 이야기는 아주 생생했습니다. 그의 격노와 절망은 모든 사람들을 공포에 떨게 만들었습니다. 그는 선원들에게 자신이 지옥에 갈 것을 안다고 말했지만, 전혀 하나님의 자비를 바라거나 구하는 기색도 보이지 않고 죽었다고 했습니다.

하웨이스, 내가 이 이야기를 당신에게 하려고 생각했던 이유는 죄인 중에 우두머리였던 내게 보여 주신 하나님의 놀라운 은혜와 이 이야기가 아주 상반되기 때문입니다.

나는 약 넉 달 후 아프리카 해안을 떠나 세인트 크리스토퍼스 아일랜드로 항해를 했습니다. 항해 전, 나는 어떤 기후에 처해도 거뜬한 완벽한 건강상태를 유지하고 있었습니다. 하지만 이 여행에서 나는 거의 죽음까지 이르게 했던 열병에 걸렸습니다. 그때 나는 내가 겪고 있던 상황을 자세히 설명하는 몇 통의 편지를 썼습니다. 나는 편지를 쓰면서 펜도 제대로 들지 못했고 다시는 글씨를 쓸 수 없을지도 모른다는 생각까지 들었습니다.

영적으로는, 만일 내가 죽게 되면 예수 그리스도와 함께할 것이라는 확신이 없었습니다. 하지만 나의 소망은 나의 공포보다 더욱 큰 것이었고, 내 나머지 마음은 어떠한 공포도 없이 죽음을 기다릴 수 있게 해주었습니다. 미약한 것이었지만, 나의 믿음은 주 예수님의 의로우심과 그 보혈에 고정되어 있었습니다. 히브리서 7:25 말씀은 정말로 내 마음을 편안하게 해주었습니다.

『그러므로 그는 또한 자기를 통하여 하나님께 나아오는 자들을 끝까지 구원하실 수 있으니, 이는 그가 항상 살아 계셔 그들을 위하여 중보하심이라』(히 7:25).

얼마 동안 나는 한 가지 생각으로 괴로워했습니다 - 그것이 유혹이었는지, 아니면 열병 때문에 내 마음이 삐뚤어져서인지 잘 모르겠지만 - 그러나 나는 하나님의 분노와 형벌보다도 본 적도 없는 세계(지옥)로 끊임없이 들어가는 수백만의 영혼들 가운데 무시되고 놓쳐 버려진 존재가 되는 것이 더 두려웠습니다.

"셀 수 없이 많은 사람들 가운데서 과연 내 영혼은 무엇일까?"나는 생각했습니다. 하나님께서 혹시 나를 알아보지 못하실까 두려웠습니다. 오랜 시간 동안 이런 생각들로 마음이 혼란스러웠습니다. 그러다 나는 그런 생각을 내 마음으로부터 끄집어내 버릴 성경 한 구절을 떠올렸습니다.

『그러나 하나님의 기초는 확고히 서 있고, 이러한 봉인이 있으니, 곧 "주께서는 자기에게 속한 자들을 아시며 또 그리스도의 이름을 부르는 자는 누구라도 죄악에서 떠나라."는 것이라』(딤후 2:19).

약 열흘 후에, 내 선원들은 내가 죽어가고 있다고 생각했지만 나의 병세는 나아지기 시작했습니다. 사실 서인도 제도에 도착했을 때쯤엔 병에서 완쾌되어 있었습니다.

그때까지 6년이라는 세월을 주님께서는 그분의 길로 나를 은밀하게 이끌어 주셨습니다. 나는 내 마음속 깊은 곳에 사악함이 남아 있음을 알고 성경과 그 외의 좋은 신앙서적들을 계속해서 읽었습니다. 나는 복음의 진리에 대한 대강의 내용을 알고 있었지만 성경적 원칙들은 분명히 알 수 없었습니다. 그건 바로 나의 의문에 답해 줄 사람을 한 번도 만난 적이 없었기 때문이라고 생각했습니다.

하지만 이번에 세인트 크리스토퍼스에 도착했을 때, 나를 정말로 도와줄 영국에서 온 어떤 배의 선장을 만나게 되었습니다. 그는 성숙한 그리스도인이었고 활발하게 이야기하기를 좋아했습니다. 공통으로 알고 있던 사람들의 친목 모임에서 이야기를 하다 우연히 서로를 발견하게 되었던 것입니다. 그리고 서로의 일 사정이 허락하는 한, 한시도 떨어질 수 없는 사이가 되었습니다. 거의 한 달 동안 매일 저녁 우리는 서로의 배에서 번갈아 가며 함께 시간을 보냈습니다. 그리고 더러는 깊은 밤까지 이야기를 나누었습니다. 나는 아무리 배워도 부족했던 것입니다.

그는 나의 정신뿐 아니라 나의 마음도 지도해 주었습니다. 그는 내가 사람들 앞에서 하는 기도에서 더욱 많이 입을 열도록 격려해 주었고, 그리스도인들과 더욱 솔직하게 이야기를 나누면서 많은 것을 배울 수 있을 것이라고 말해 주었습니다. 그는 많은 사람들 앞에서 주님에 대해 증거하고, 아무런 거리낌 없이 사람들에게 주님의 이야기를 해야 한다고 강조했습니다.

주님께서는 그를 이용하셔서 여러 가지 성경적 원칙에 대한 나의 오해들을 제거해 주셨습니다. 나는 더욱 신앙심이 깊어졌고 이전의 생활에 빠지려는 공포로부터 벗어날 수 있었습니다. 이제 나는 은혜의 언약 안에서 그리스도인이 얻게 되는 안위를 이해하기 시작했습니다. 또 자신을 죄로부터 지키기 위해서는 나만의 힘과 고결함으로는 할 수 없고, 변함없으신 나의 구원자 예수 그리스도를 의지하는 믿음을 통해 하나님의 전능하신 권능과 약속을 신뢰함으로써만이 할 수 있다는 사실을 알게 되었습니다.

내 친구는 나에게 종교적인 실수들과 그 시대의 논쟁들, 그리고 내가 전에 결코 들어본 적이 없는 것들을 알려 주었습니다. 그리고 런던에서 나를 가르쳐 줄 수 있는 사람들을 만나기 위해 어디로 가야 하는지도 이야기해 주었습니다. 나는 세인트 크리스토퍼스에 도착했을 때보다 더욱 신앙적으로 성장하게 되어 그곳을 떠났습니다. 그리고 집으로 돌아가는 내 긴 여정은 내가 얻은 것들을 다시 음미할 수 있는 많은 시간을 얻었습니다. 별 다른 사건이 없는 여행이었으므로 많은 시간을 생각하고 공부하며 보낼 수 있었습니다. 나는 1754년 8월에 리버풀에 도착했습니다.

11월 초 정도 되었을 때, 나는 다시 바다로 갈 준비가 되어 있었습니다. 하지만 주님께서는 나에 대해 다른 계획을 가지고 계셨습니다.

노예무역으로 바빴던 그 당시, 나는 그것에 대한 합법성을 조금도 의심해 본 적이 없었습니다. 내가 내 방식으로 돈을 버는 것이 하나님의 섭리라 생각하고 만족하고 있었습니다. 이것은 신사가 할 수 있는 종류의 일이었고, 보통의 경우에 이 일은 아주 수익이 높았습니다 - 비록 나는 특별히 그 일이 그렇다고 생각하지는 않았지만 말입니다. 주님께서는 많은 돈을 버는 것이 나에게 전혀 좋을 것이 없다고 여기셨음이 틀림없습니다.

나는 스스로를 간수라고 생각했습니다. 하지만 이따금씩 내 시간들이 끊임없이 사람들에게 쇠사슬을 채우고 볼트로 고정시키며 수갑을 채우는 데 사용되는 것이 마음에 걸렸습니다. 때때로 나는 주님께서 그분의 때에 내게 그리스도인들과 더 많은 교제를 할 수 있고 주님의 일을 할 수 있는 다른 천직 - 더 인간미가 있는 직업 - 을 주시기를 기도드렸습니다. 나는 집과 오랫동안 떨어져 있어야 하는 일로부터 벗어나기를 간절히 원했습니다. 그것은 내 삶에 있어서 가장 힘든 부분이었습니다.

비록 내가 예상하지 않았던 방식이었지만, 나의 기도들은 응답을 받았습니다.

나는 새로운 항해를 이틀 앞두고 있었고 외관상 건강상태도 좋았습니다. 하지만 그날 오후 내가 아내와 차를 마시며 우리가 함께 했던 지난 몇 주들에 대해 이야기를 나누고 있었는데, 알 수 없는 일종의 급성질환에 의해 아무 감각도 느낄 수 없는 상태가 되어 버렸습니다. 그것은 약 한 시간 동안 지속되었습니다. 하지만 내가 회복되고 나서도 두통과 어지러움이 사라지지 않자, 의사들은 내가 다시 바다로 가는 것은 어리석은 짓이라고 확신하였습니다. 나는 내가 타고 갈 배의 주인이었던 내 친구와 상의를 했고 그는 나에게 집에 머무르라고 권했습니다. 나는 출항일 바로 전날에 선장직에서 물러났습니다. 그리하여 예기치 않게 그리고 천만다행으로 그 항해의 비극적인 결말로부터 벗어날 수 있었습니다. 나대신 선장이 되어 갔던 그 사람은 큰 풍파를 만나 대부분의 장교들과 많은 선원들과 함께 죽고 말았습니다. 그리고 그 배는 엄청난 고난을 겪고 가까스로 영국으로 돌아올 수 있었습니다.

그 사건에서 벗어난 나는 리버풀을 떠나 그후 몇 년간을 주로 런던과 켄트에서 보냈습니다. 하지만 나는 새로운 시련을 겪어야 했습니다. 나를 무감각하게 만들었던 그 병이 내 아내에게도 역시 영향을 미쳤던 것입니다. 우리는 처음에 그것을 알지 못했습니다. 아내 자신이 그것을 느끼지 못했기 때문이었습니다. 하지만 나의 상태가 점차 나아지고 혹시 내가 어떻게 되지는 않을까 하는 그녀의 두려움이 차차 가라앉으면서, 우리는 갑작스런 그 병이 그녀의 건강 체계에 얼마나 큰 충격이 되었는가를 깨닫게 되었습니다. 의사들은 어디가 잘못 되었는지 진단할 수 없었고 그것을 치료하기 위한 어떤 약도 줄 수 없었습니다. 아내에게는 결핵 증상이 전혀 없었지만, 그녀의 건강은 바로 우리 눈앞에서 망가져 가고 있었습니다. 그녀는 너무나 약해져서 자신이 누워 있는 방 옆을 누군가가 지나가는 것도 견디지 못했습니다. 열한 달 동안 나는 그녀의 곁에 앉아 있었습니다. 영(Young) 박사는 나의 이 새로운 일을 "매시간 어두워져가는 무시무시한 감시직(瞰視職)"이라고 불렀습니다.

하지만 우리가 리버풀에 정착하고 거의 모든 희망을 다 버렸을 때, 주님께서는 아내의 건강을 전과 같이 회복시켜 주셨습니다.

열네 번째 편지

집에서

친애하는 하웨이스 씨에게,

세인트 크리스토퍼스에서 만났던 선장 친구에게서 받은 주소를 이용해 런던에 있는 그리스도인들을 찾았습니다. 나는 브루어씨의 교회를 찾아갔는데, 그가 내게 해준 공적, 사적인 목회 사역으로 진정한 도움을 얻을 수 있었습니다. 그는 나에게 정말 훌륭한 친구가 되었는데, 아마도 그는 내 모든 친구들 가운데서 가장 가까운 친구였을 겁니다. 또 한 명의 좋은 친구가 있었는데 그는 주님의 일에 정말로 열심인 사람이었습니다. 그가 불치병에 걸리기 전까지 우리는 자주 편지를 주고받았습니다.

휫필드 씨가 미국으로부터 돌아왔을 때, 내 좋은 친구 두 명은 나를 그에게 소개시켜 주었습니다. 훗날까지 그를 개인적으로 알게 되지는 않았지만 휫필드 씨의 목회활동이 그때의 나에게 정말 도움을 주었다고 생각했습니다. 나는 몇 개의 그리스도인 단체들에 가입을 했고 훌륭한 하나님의 사람들을 많이 만났습니다. 그래서 내가 런던에 머무르는 동안 영적인 사역의 중심에 있다고 느꼈습니다. 하지만 켄트에 있을 때는 달랐습니다. 비록 그곳에서도 아주 신실한 사람들을 찾을 수 있었지만, 내게 가장 주요한 혜택은 숲으로 우거진 전원이었습니다. 나는 날씨가 좋을 때면 가장 우거진 숲 속과 제일 높은 언덕에서 몇 시간씩 시간을 보냈는데 그 장소들은 걸음마다 새로운 경치를 보여 주었습니다.

나는 야외에서 기도하는 것을 정말 좋아했습니다. 그리고 이러한 시골 풍경 속에서 내 영은 생기를 찾고 평안을 얻었습니다. 현대의 생활 속 소음에서 벗어나 있을 때, 내 자신은 주님께서 그분의 영광을 위해 만드신 거대한 성전 안에 있는 것이라고 생각했습니다.

나는 메드웨이와 접하고 있는 로치데일과 메이드스톤 사이의 전원을 거닐곤 했습니다. 그리고 내가 지금 당신을 그곳으로 데려갈 수만 있다면, 내 혼과 동행하시는 주님의 편안한 임재를 열정적으로 구하고 기쁜 맘으로 찾을 수 있었던 많은 곳들을 보여드릴 수 있을 것입니다.

물론 이때 나는 늘 아내의 병에 대해 깊이 걱정하고 있었습니다. 그녀의 병세는 점점 나빠지고 있었습니다. 그리고 우리는 그녀의 목숨이 위태로운 상황까지 갈까 두려워지기 시작했습니다. 믿음을 가지고 나는 그녀를 주님께 맡겼습니다. 그녀는 그분의 뜻대로 될 것이었습니다. 하지만 자주 내 마음은 순종하지 못하였고 주님을 신뢰하거나 그분께 복종하는 것이 어렵게만 느껴졌습니다.

또한 나는 미래에 대한 걱정도 했습니다. 시장의 노예공급은 포화상태였고 내 친구들은 내 배가 돌아올 때까지 다른 배를 준비할 생각이 없었습니다. 그래서 늘 어떻게 내 가족을 부양할까 하는 불안 속에 있었습니다.

8월이 되고 내가 조류(潮流) 조사관으로 임명되었다는 소식을 듣게 되었습니다. 그런 일자리는 쉽게 오는 것이 아니라 보통 그런 자리를 얻으려고 열심히 노력하는 사람들에게나 돌아가는 것이었습니다. 하지만 그 자리는 구하거나 기대하지도 않았던 나에게 왔던 것입니다. 한편 리버풀에 있는 내 좋은 친구들이 내게 자리를 구해 주려고 애를 썼지만 이미 그 자리는 다른 사람에게 가 버리고 난 뒤였습니다. 나중에 알게 된 사실이었지만 그 자리는 나의 흥미를 조금도 끌지 못할 그런 것이었습니다. 하지만 내가 얻게 된 그 일자리는 바로 내가 원해왔던 그런 종류의 것이었습니다. 이것은 생활비를 벌게 해주면서 많은 여가 시간과 내 방식대로 살 수 있는 자유를 주었습니다. 이 모든 것들 뒤에 주님의 선하신 손길이 있었음을 나는 알게 되었습니다.

하지만 일자리를 얻는다는 것은 아내에 대한 나의 걱정을 단지 배가 시킬 뿐이었습니다. 그 일을 맡기 위해서 나는 몇 주 동안 그녀를 떠나 있어야 했습니다. 아내는 엄청난 고통과 병을 앓고 있었고 의사들은 어찌할 바를 몰랐습니다. 그리고 나에겐 그녀가 살아 있는 모습을 다시 볼 수 있을까 하는 희망도 없었습니다. 나는 떠나야 했지만 갈 수 없었습니다. 단지 내 아버지 하나님만을 신뢰할 수밖에 없었습니다. 그리고 당신도 아시다시피, 하나님께서는 내게 진정한 평안과 힘을 주셨습니다.

주님은 내가 떠나기로 한 바로 전날까지 그 문제를 내 마음속에서 완전히 사라지게 하셨습니다. 주님께서는 그녀와 나를 그분의 완전한 의지에 맡길 수 있는 힘까지 주셨습니다. 그래서 어떤 이유에서인지 나는 기분 좋게 그녀를 남겨 두고 떠날 수 있었습니다.

내가 떠나고 얼마 되지 않아 아내의 병세는 나아지기 시작했습니다. 사실 그녀는 내가 그녀를 스톤에서 만날 수 있었을 만큼 빨리 회복되었고, 두 달 후에는 병에서 완쾌되어 나를 찾아온 그녀를 리버풀에서 만날 수 있었습니다.

1755년 10월 이후, 우리는 리버풀에서 편히 살고 있습니다. 비록 우리가 겪는 시련들은 가볍고 그것조차도 거의 없지만, 우리는 우리의 인생이 믿음의 삶이 되어야 한다는 것을 매일매일 기억하고 있습니다. 나의 가장 큰 시련은 사도 바울이 탄식했듯 나를 한숨짓게 하는 죄와 죽음의 육신입니다.

『오, 나는 비참한 사람이로다! 누가 이 사망의 몸에서 나를 구해 낼 것인가?』(롬 7:24)

그리고 나는 사도 바울과 같은 마음으로 이렇게 말할 수 있습니다.

『예수 그리스도 우리 주를 통하여 하나님께 감사하노라...』(롬 7:25).

나는 하나님의 지식과 권능이 거의 알려져 있지 않은 시골에 살고 있습니다. 하지만 이곳에서의 생활은 내가 런던에 있는 동안 들었던 영적 진리들을 흡수할 수 있는 충분한 시간을 주었습니다. 나에겐 성경으로 뒷받침될 수 없었던 많은 개념들이 있었지만, 충실한 선생 되신 주님께서는 그분의 말씀과 경험을 통해 그분의 진리로 나의 필요를 채워 주셨습니다. 나의 차분하고 착실한 공부는 내가 전에 피상적으로 배웠던 것들을 확실히 이해하는 데 도움이 되었습니다.

하나님 뜻의 바로 한가운데서 살고 있어야 할 때, 간혹 스스로 극단까지 치닫기도 했음을 나는 인정합니다. 하지만 주님께서는 그 실수로부터 오히려 유익을 얻도록 나를 도와주십니다. 여전히 나는 배우는 사람이고 이제까지 아주 조금밖에 배우지 못했지만, 그분과 나 자신을 아는 지식이 늘어가도록 내 혼 안에서 주님이 그분의 일을 자비롭게 계속해 나가실 것을 믿습니다.

내가 하는 일은 공부할 수 있는 많은 시간을 주었고 "예수 그리스도와 그의 십자가에 못박히심 외에는 아무것도 알지 아니하기로" 결심한 나였기에, 나는 모든 고전작품들과 수학공부의 생각들을 머리 밖으로 내어 버리고 헬라어를 공부하기 시작했습니다. 헬라어로 된 신약성경을 이해할 수 있을 만큼 배우고 싶었던 것입니다. 나는 다음 해에 히브리어를, 그후 2년 뒤에는 시리아어를 배웠는데 그것들도 익히는 것이 내게 유익할 것이라고 생각했기 때문이었습니다.

오오, 나는 이런 언어들 중 어떤 것에 있어서도 비상한 재주를 갖고 있지 않습니다. 결코 나는 학자는 되지 못할 것입니다. 하지만 성경에 나오는 단어들과 구절들의 의미를 배우고 싶었습니다. 나는 히브리어에 있어 구약성경과 시편 같은 역사책들을 어려움 없이 읽을 수 있었습니다. 선지서들에서는 단어를 찾기 위해 고전어사전을 이용해야 했지만, 이러한 도움들을 이용해 내가 원하는 어떠한 구절이라도 그 의미를 이해해 낼 수 있었습니다. 나는 그 이상은 원치 않습니다. 나는 저명한 언어학자였다는 명성을 가지고 죽기보다는 차라리 사람들을 도울 수 있는 일을 할 것입니다.

나는 영어, 라틴어, 불어로 된 최고의 주석서들 몇 권을 공부했습니다. 하지만 최근에 난 글을 쓰기 시작했고 성경책 그 이상을 공부하기 위한 시간은 가지지 않고 있습니다.

모든 글을 쓰는 시도에 있어서 나는 오로지 스스로의 힘만으로 해 나가야 했습니다. 나는 열 살 이후로 선생을 가져 본 적이 없었기 때문이었습니다.

하웨이스, 전에 나의 어머니께서 내가 신학교에 입학하는 것을 바라셨다는 것을 얘기한 적이 있을 겁니다. 어머니의 죽음과 그 이후에 내가 살았던 삶은 그런 가능성을 완전히 없애 버리는 것처럼 보였습니다. 하지만 갈라디아서 1:23-24의 사도 바울이 말한 내용을 묵상하면서 신학을 공부하고 싶은 마음이 내 마음속에 자라기 시작했습니다.

『다만 그들이 들었던 것은 "전에 우리를 박해한 그가 한때 파괴시킨 그 믿음을 이제 전파한다."는 것이라. 그들이 내 안에 계신 하나님께 영광을 돌렸느니라』(갈 1:23-24).

나는 하나님의 신성한 은총을 다른 사람들에게 말해 주고 싶었습니다. 내가 - 아마도 수많은 사람들보다 더더욱 - '그리스도 예수께서 죄인들을 구하기 위해 이 세상에 오셨으며 그 죄인들 중 우두머리는 바로 나입니다.'라고 외치기에 가장 합당한 사람이라고 생각했습니다. 내 인생은 이전까지 믿을 수 없을 우여곡절들로 가득 차 있었으므로 조만간 주님께서 그분의 일로 나를 이끌어 주실 것을 바라고 있었습니다.

내가 헬라어와 히브리어 성경들을 공부한 것도 부분적으로는 마음속의 그런 생각과 관련이 있었습니다. 하지만 내 그리스도인 친구들이 권하기 전까지는 그런 것들에 관한 어떤 일이라도 하지 않았습니다. 처음 나는 신학공부를 한다는 생각에 의구심을 가졌지만, 얼마 동안 그것에 대해 생각한 후에, 또 그것에 대해 기도하고 친구들에게 이야기하면서 그것이 내가 해야 하는 일이라는 확신을 갖게 되었습니다.

내가 처음 가진 생각은 다른 프로테스탄트 파에 참여하는 것이었습니다. 1757년 이래로 나는 요크셔의 한 지역인 웨스트 라이딩의 그리스도인들과 함께 많은 관계를 맺어오고 있습니다. 그곳에선 복음이 번성하고 있으며 주님의 사람들과 하나님 말씀의 도움으로 많은 것을 배웠습니다.

여전히 나는 어떤 면에 있어서는 영국교회를 더 선호하고 있었기 때문에, 요크의 대감독에게 목사 안수를 요청했습니다. 그가 거절을 했는지는 아직 당신에게 말씀드릴 수가 없군요. 현재(1763), 나는 여전히 주님을 섬기기를 원하고 있습니다. 하지만 성급하게 생각하고 있지는 않습니다. 주님께서 나를 어떻게 사용하실지 알고 계신다는 것만으로도 충분한 것입니다. 그분은 최고의 것을 하실 수 있고 그렇게 하실 것입니다. 나는 그분이 사용하실 그분의 소유입니다. 주님의 뜻과 내게 있어 가장 중요한 것이 하나이고 같은 것이기를 바랍니다. 주 하나님의 이름에 영광이 있을지어다. 아멘.

에필로그

존 뉴턴의 삶에 대한 추가적인 이야기

1758년 12월 16일 존 뉴턴은 요크의 대감독에게 목사 안수를 요청했다. 체스터의 감독은 존을 대감독의 목사에게 보냈다. 존 뉴턴은 다시 대감독의 비서에게 문의해 보라는 말을 듣고 그를 찾아가지만, 그는 존 뉴턴에게 "대감독께 신청서를 제출했으나 그분은 교회의 법령이나 규칙을 지키는 데 있어 전혀 융통성이 없으시다."는 말을 전한다.

존은 리버풀에서 잠시 설교를 했고 그의 설교를 들은 많은 사람들이 그가 좀더 많은 곳에서 설교를 하도록 권했다. 이때 그는 그의 아내에게 다음과 같은 편지를 보냈다.

"세인트 세이비어즈 교회의 존스 목사님의 죽음은 내가 목회자가 되려는 생각을 더욱 마음 깊이 각인시켰다오. 주님의 일을 위해 주님께 그렇게 신실하게 헌신하고서도, 단지 국교회에서 목사 안수가 거절되었다 하여 시간을 낭비하고 나의 재능을 침묵 속에 묻어 버린다면 그것은 잘못된 일일 것이오!

지금 내가 느끼고 있는 바는 단지 나만 느끼는 것이 아니라오. 나는 몇 명의 사람들 - 국교회에서도 좋은 지위에 있는 유능한 구성원이며 분별력 있고 독실한 사람들 - 을 알게 되었는데, 그들도 안수받기를 신청했을 때 계속해서 거부되어지는 것에 지친 나머지 순회 설교 목사로 나가거나 다른 프로테스탄트파들 가운데 자리를 잡기도 했소. 이들 중 어떤 이들은 여전히 그들의 목사직을 수행하며 살고 있으며 실질적인 사역을 하고 있소."

1764년 다트머스 경은 링컨(역자주: 도시명)의 감독이었던 그린 박사에게 존을 올니의 목사단에 들도록 추천했다. 그는 안수를 받아 목사로 취임하게 되었다. 그는 그곳의 성도들 중 많은 사람들이 진리에 대해 복음주의적 관점을 가지고 있었고 진리의 경험과 조명 가운데 성숙해 있다는 것을 알게 되었다. 그 목사직은 다트머스 경의 선물이었는데, 그는 존의 서간문집인 카디포니아(Cardiphonia, 마음의 소리)에 나오는 처음 스물여섯 통의 편지를 받은 그 귀족이었다. 그 백작은 아주 독실하고 관대한 사람이었다. 그는 이전에도 모지즈 브라운 목사를 올니의 목사로 추천한 바 있다. 브라운 목사는 복음주의 목사였으며 그곳의 성도들을 훌륭하게 이끌었다. 또한 그는 많은 이들을 그리스도께로 인도했다.

존은 그 후 올니에서 거의 16년간을 머물렀다. 그가 그곳에 있는 동안 주님께서는 그를 쓰시어 찬송 시인 윌리엄 카우퍼의 상심한 마음을 어루만져 주도록 하셨다. 또한 그가 있던 곳 가까이에 토마스 스콧 목사가 살았는데, 스콧 목사는 후에 레이븐스톤과 웨스턴 언더우드 교회의 목사가 되었고 그의 사역과 저작들은 인류에게 지금껏 많은 도움이 되고 있다.

1776년 존은 넓적다리의 종양으로 고통을 겪었다. 그 종양이 점점 더 커지고 성가시게 되자 런던에서 수술을 받았다. 하지만 그는 증상이 완화되는 것보다 고통 속에서 그리스도인의 인내를 보여 주는 데 더 관심이 있었다.

그는 다음과 같이 말했다.

“나는 나의 병증을 제거하는 것보다, 격심한 고통 속의 수술을 평정과 확신으로 견딜 수 있음이 하나님께서 나에게 허락하신 더욱 큰 은총이라는 것을 깨달았습니다."

1777년 10월, 올니에 끔찍한 화재사고가 났다. 존은 고통받는 사람들을 위로하고 그들을 위한 성금을 모금하는 일에 적극적으로 나섰다.

비록 뉴턴이 올니에서 목회사역을 하는 동안 겪은 어려움에 대해서는 실질적인 사례를 가지고 있지 않지만, 우리는 『실로 그리스도 예수 안에서 경건하게 살고자 하는 모든 사람은 박해를 받을 것』이라는 것을 분명히 알고 있다(딤후 3:12). 나는 그가 다음과 같은 말을 한 것을 들은 적이 있다.

"하나님께서 어떤 위대한 일을 하시려고 계획할 때, 그분께서는 엄청난 방해가 따르는 것을 허락하십니다. 만일 파라오가 이스라엘 백성들이 떠나겠다는 요구에 즉시 동의했다고 가정해 보십시오. 또 이스라엘 백성들이 약속의 땅을 향해 이집트를 지나 카나안 땅까지 가는 동안 아무런 어려움도 없었다고 상상해 보십시오. 그들은 - 그리고 장래 모든 세대의 교회들은 - 아마도 대단한 실패자들이 되고 말았을 것입니다. 그들은 기적을 행하시는 하나님께서 시련과 곤경으로부터 그들을 구하시는 광경을 직접 지켜볼 수 없었을 테니까요. 만일 그들이 평탄한 행로를 걸었다면 출애굽은 시시하기 짝이 없는 이야기에 지나지 않았을 것입니다."

존 뉴턴의 올니에서의 목회활동은 디모데후서 2:24-25의 다음과 같은 문구로 특징지어진다. 『주의 종은 다투어서는 아니되고, 모든 사람들에게 온유하며 가르치기를 잘하고, 잘 참으며...』 마지막 순간까지 뉴턴은 "하나님께서 그들에게 회개하는 마음을 주셔서 진리를 깨닫도록 하실까" 하여, "반대하는 자들을 온유함으로 바르게 잡아 주는 일"(딤후 2:24-25)을 계속하며 그들 사이에서 시간을 보냈다.

이 시기에 그는 몇 권의 책을 출간했다. 1760년 1월 1일 리버풀에서 그는 한 권짜리 설교집 〈설교들, *Sermons*〉을 출간했고, 1762년에 〈오미크론, *Omicron*〉을 출간했는데, 후에 이 책에 "Vigil"이라는 필명으로 서명된 그의 편지들이 더하여졌다. 2년 뒤 〈믿을만한 이야기, *AN AUTHENTIC NARRATIVE*〉가 나왔고, 1767년에는 한 권으로 올니 설교집이, 1770년에는 한 권짜리 교회사 개관이 출간되었다. 그리고 1770년에 역시 한 권으로 된 찬송가집이 출간되었다. (그 찬송가들 중 몇몇 작품들은 윌리엄 카우퍼에 의해 작시되었는데 존이 쓴 작품과 구분하기 위해 그 앞에 "C"자를 붙여 놓았다.) 1781년에 그는 귀중한 작품인 〈마음의 소리, *Cardiphonia*〉를 출간하였다.

존은 그의 친구인 존 쏜톤의 "소개"로 올니로부터 세인트 메리의 통합교구, 울노쓰, 그리고 세인트 메리와 울처치 호, 롬바드 스트릿과 런던의 교구로 임명되었다. 그 지명권을 어떤 귀족이 요구하면서 쏜톤의 지명권에 대한 문제가 발생했다. 그 문제는 결국 영국항소법원까지 가게 되었고 결국 법원은 쏜튼의 손을 들어 주었다. 존은 1779년 12월 19일 처음으로 그의 무리들에게 에베소서 4:15의 "사랑 안에서 진리를 말하는 것"에 대한 설교를 했다. 위로와 사랑에 대한 메시지를 담은 그 설교는 즉시 팜플렛 형태로 인쇄되어 나왔다.

런던 중심부의 부유한 동네에 자리잡게 된 그는 이전에 올니에서와는 몇 가지 면에 있어 달랐던 사역들을 하게 되었다. 하지만 성경의 사람이자 인간의 심리를 연구하던 그는 죄와 사탄의 굳건한 보루를 무너뜨릴 유일한 무기로 하나님의 말씀을 제안했다.

그는 그를 이전의 삶으로부터 구해 주시고 그가 런던에서 목사직을 갖게 해주신 하나님의 은혜에 대해 늘 놀라움을 느꼈다.

그는 몇 번이나 이야기했다.

"가장 무지하고, 가장 비참하고, 가장 방탕한 노예들 중의 한 인간이 아프리카 해안의 쓸쓸한 망명생활에서 뽑혀와 마침내 세상에서 제일가는 도시의 제일가는 행정구의 교구 목사로 임명된 것, 또한 그곳에서 그러한 은혜를 증거할 뿐 아니라 자신이 바로 그 기념비가 될 수 있다는 것, 그리고 그가 살아온 역사와 설교 속, 세상 사람들을 대상으로 쓰는 글에서 자신이 구원받은 사실을 기록할 수 있다는 것은 내가 놀라운 사실이지만 결코 다 이해할 수 없을 것입니다."

그는 항상 자신을 친근하고 호감가는 사람으로 나타내었다. 그의 집은 종파와 계급을 막론하고 모두에게 열려 있었다. 그는 마치 아이들과 함께하는 아버지처럼 그의 친구들을 즐겁게 해주거나 격려해 주고 또 가르쳐 주었다. 특히 젊은 목사들이나 목사가 되려는 사람들에게 그러했다. 또한 가난한 자들과 병든 자들, 그리고 어려움에 처한 사람들이 어느 곳에서도 볼 수 없는 동정과 피난처를 얻을 수 있었다.

그리스도인의 생활과 진리에 대한 존의 시의적절한 시사들은 아주 적절한 것이었고, 그것을 들은 사람들에게 많은 이로움을 주었다. 얼마 후 그는 그의 책 〈오미크론, *Omicron*〉을 출간했는데, 이 책에서 세 가지 단계의 그리스도인의 성장을 설명했다. – 처음에는 새싹, 그 다음에는 이삭, 그후에는 이삭에 낟알이 가득한 열매(그는 그것들을 문자 A와 B 그리고 C로 구분했다.) – 그는 한 젊은 목사로부터 편지를 받았는데 그 목사는 뉴턴이 정확히 그의 특징을 설명했다는 말을 했다. 그 젊은 사람은 자기가 바로 "C"의 단계라고 했다.

뉴턴은 답장에서, 그가 완전히 성숙한 단계로서 "C"의 특질을 설명할 때, "C"단계의 사람은 결코 자신의 얼굴을 알지 못한다는 말을 덧붙이는 걸 잊어버렸다고 말했다. 성숙한 사람은 결코 자신의 성숙함을 자랑하지 않는다는 뜻이었다.

어느 때 존은 이렇게 말하기도 했다.

"교구의 부자 신자들 중 그렇게 적은 수가 교회에 오는 것을 보는 일은 나를 비탄에 잠기게 합니다. 부자들은 가난한 사람들보다 복음의 설교를 들을 더 큰 의무를 지고 있습니다. 교회에 있을 때는 부자들도 다른 사람들처럼 피할 수 없이 모든 진리를 들어야 합니다. 하지만 일단 그들을 집으로 돌아가게 하면 당신이 그들을 만나 얘기해야 할 때가 있을 것입니다. 그들이 당신을 자신들의 집에 들이게 되면, 당신은 여러 '세부격식'들에 묶이게 되고, 그들의 친구들이 하는 어리석은 대화에 의해 방해받고 정신이 팔리게 될 것입니다."

그는 그의 성도들에게 교훈을 가르칠 수 있는 가능한 모든 기회를 사용하곤 했다. 어느 날 밤 그는 세인트 메리와 울노스에 붙은 게시문을 발견했는데, 설교를 하면서 그것에 대해 아주 많은 부분을 언급했다.

그 게시문에는 다음과 같이 적혀 있었다.

"많은 재산을 얻게 된 한 젊은이가 그 부로 인해 자신이 맞닥뜨리게 된 유혹으로부터 보호받도록 회중들의 기도를 원합니다."

뉴턴은 말했다.

"만일 그가 큰 재산을 잃어버렸었다면 세상 사람들은 그가 그런 게시물을 붙이는 걸 본 것을 의아하게 생각하지 않았을 것입니다. 하지만 이 사람은 가르침을 잘 받은 사람이군요."

수요일 밤 교회를 나오던 그에게 한 부인이 이렇게 말했다.

"제가 25%의 이윤을 갖고 있는 복권이 $50,000에 당첨되었답니다. 목사님께서 축하해 주실 것으로 압니다."

"부인," 그는 말했다.

"유혹을 받고 있는 친구에 관해서 말씀하신다면, 나는 당신을 위한 기도를 하도록 노력할 것입니다."

어느 날 그가 알고 지내는 한 젊은 목사가 정치에 너무 많은 신경을 쓰는 것에 대해 깊은 고뇌를 느끼고 있음을 표현했다.

"나로서는," 그는 말했다.

"나는 정치가가 되고자 하는 유혹이 없습니다. 그리고 요즘 같은 시대에 다른 사람을 선동하고자 하는 마음도 없습니다. 배에는 물이 새고 있고 어떤 반란의 기운이 선원들 사이를 갈라놓을 때, 현명한 사람은 이렇게 이야기할 것입니다.

'내 좋은 친구들이여, 우리가 서로 다투고 있을 때, 바닷물이 점점 차오르고 있소. 논쟁을 그만두고 펌프로 달려가는 것이 좋을 것이오.'

나는 사람들의 눈을 인간들로부터 하나님께로 돌리고 싶습니다. 나는 주어진 처지나 그 권리들에 대해 그들이 얼마나 무지한지를 보여 주고자 끊임없이 시도하고 있습니다. 나는 사람들이 우리가 살고 있는 이 나라에서 가지고 있는 특권들에 대해 감사하는 마음을 가졌으면 합니다. 그리고 만족하지 못하는 분들은 러시아에서 잠시 살아 보시기를 충고드립니다."

그는 자신이 직면했던 연속적인 여러 종류의 방해에 대해서도 이야기했다.

"나는 이 세상에서 인간의 행복과 고통이라는 두 개의 무더기를 봅니다. 내가 한 무더기에서 가장 작은 조각을 덜어 다른 무더기에 더할 수 있다면, 나는 진력을 다하겠습니다. 만일 내가 집으로 가는 길에 동전을 잃어버린 아이 곁을 지나간다면 - 그리고 그 아이에게 동전 하나를 쥐어 줌으로써 - 내가 그 눈물을 닦아 줄 수 있다면, 뭔가 가치있는 일을 한 것이라고 느낄 것입니다. 더 큰 일들을 한다면 나도 기쁘겠지요. 하지만 나는 그처럼 작은 일도 무시하지 않겠습니다. 나는 서재의 문 두드리는 소리를 들을 때, 하나님의 메시지를 듣습니다. 그것은 가르침의 교훈일 수도 있고, 인내의 교훈일 수도 있습니다. 하지만 이것이 그분의 메시지이기에 흥미로운 것임에 틀림없습니다."

존은 매년 시골에 있는 어떤 친구의 집에 한두 달씩 머물곤 했다. 그는 떠나기 전에 항상 그의 교회 사람들에게 애정을 담아 작별인사를 했고, 어떤 기대치 않았던 사건들이 방해할 수 있으므로 다시 돌아오는 것에 대해서는 불확실하다고 말했다. 그것이 다른 사람들의 눈에는 아무리 시시하게 보여도, 모든 일들에 있어서 하나님의 손이 개입하심을 생각하는 그의 모습에서 모든 이들은 깊은 인상을 받았다. 모든 경우, 그리고 매시간의 일들에 있어서, 그것이 공적인 문제든 사적인 문제든지 간에 그는 에녹처럼 '하나님과 함께 동행했다.'

세인트 메리즈에 온 직후, 질녀 엘리자 커닝엄이 열네 살의 나이로 죽자 존 뉴턴은 엄청난 충격을 받았다. 그녀는 사랑스러운 소녀였는데 존은 그녀를 친딸처럼 사랑했다. 그녀는 천성적으로 상냥했을 뿐 아니라 아주 신실한 사람이었다. 뉴턴 내외는 그녀가 서서히 죽어가는 모습을 지켜보았다. 하늘에 계신 아버지를 만날 준비를 다 마치고 그녀는 1785년 10월 6일 눈을 감았다.

하지만 훨씬 더 큰 상실이 기다리고 있었다. 그는 언제나 아내를 진심으로 사랑했다. 사실 이전에 존 뉴턴은 그의 친구들에게, 그녀에게 구애를 할 당시 단지 그녀 집이 있는 쪽을 바라보기 위해 런던에서 블랙히스의 슈터스 힐까지의 거리를 수도 없이 다녔다고 고백하기도 했다.

"나는 한 지점만을 바라볼 수 없었습니다. 왜냐하면 그녀는 그 언덕에서 볼 수 있는 곳 훨씬 너머에 살고 있었기 때문입니다. 하지만 그 방향을 바라보는 것만으로도 좋았습니다. 나는 이것을 일 주일에 한 번 - 때로는 두 번씩이나 - 했습니다."

그가 그녀를 얼마나 끔찍이 생각했는지는 그의 책, 〈아내에게 보내는 편지, *Letters to a Wife*〉에서 발췌한 글에 잘 나타나 있다.

> 내 사랑하는 아내는 선천적으로 튼튼한 몸과 쾌활한 성격을 갖고 있었습니다. 하지만 내가 발작을 겪고 난 후 그녀가 걸렸던 병은 그녀를 쇠약하게 만들었습니다. 그녀는 종종 여러 종류의 병으로 고생을 했습니다. 우리가 함께 살았던 사십 년 중 십 년 정도는 병으로 고생을 했을 겁니다. 하지만 그것을 제외하곤 아내는 정말 긴 세월 동안 건강하게 살았습니다.
>
> 우리가 리버풀로 떠나기 전에, 그녀는 그녀의 왼쪽 가슴에 갑작스런 병을 얻게 되었습니다. 그로 인해 아내는 얼마간의

통증과 불안을 느끼게 되었지만 곧 그것들은 차차 사라져 버렸습니다. 작은 덩어리가 없어지지 않고 남아 있었지만 그녀는 여러 해 동안 어떠한 통증도 호소하지 않았습니다. 나를 위한 그녀의 사랑이 그녀가 할 수 있는 한 오랫동안 그것을 숨기게 했던 것입니다. 그후로 줄곧 나는 어떻게 그녀가 그것에 대해 그토록 침묵을 지켰는지, 그리고 왜 나는 좀 더 아내에게 관심을 가지고 살펴보지 못했는지 궁금할 따름입니다.

1788년 그녀는 나에게는 비밀로 하고 우리 둘의 친구였던 저명한 외과의사에게 갔습니다. 그녀의 계획은 그가 만일 허락만 한다면, 내가 알기도 전에 나 없이 수술을 받는 것이었습니다. 하지만 그 의사는 그녀에게 수술을 받기에 병세가 너무 깊어졌다고 말했습니다. 그녀의 목숨에 위협을 주지 않고 제거되기엔, 멜론 반 개 크기의 종양은 너무나 큰 것이었습니다. 그는 그녀에게 할 수 있는 한 침착하고 편안한 마음을 가지라는 말 이외에 다른 충고를 해줄 수 없었습니다. 그는 그녀에게 고통을 경감시키기 위해 아편제제를 처방해 주었습니다. 하지만 그녀는 그것을 너무나 혐오해서 받으려고

도 하지 않았습니다.

다음 날 그녀가 나에게 그 외과의사가 했던 말을 해주었을 때, 얼마나 그녀가 침착하고 조용했는지, 그리고 그것을 듣고 나서 내 정신과 마음이 겪었던 바를 당신에게 이루 다 말할 수 없습니다. 내 양심의 목소리는 나에게 내가 가장 민감한 부분이 상처를 입는 것은 마땅한 일이고 하나님의 의지에 말없이 순종하는 것이 나의 의무라고 말해 주었습니다. 만일 주님께서 그분의 의지에 복종하는 마음을 주시지 않았다면, 나는 내가 가진 더 나은 판단에도 불구하고 마치 그물에 걸린 사나운 황소처럼 날뛰었을 것입니다.

그 이후 곧, 주님은 우리의 사랑하는 양녀인 엘리자베스 캐틀렛이 무시무시한 열병을 앓도록 하셨습니다. 그 아이는 거의 죽음의 문턱까지 갔습니다. 우리는 한 번이나 두 번, 정말 그 아이가 죽었다고 생각하기도 했습니다. 하지만 주님께서는 그 아이를 회복시켜 주셨고, 그 아이는 여전히 잘 살고 있습니다. 노년기의 나에게 엘리자베스는 큰 위안이 되어 주고 있습니다.

그토록 힘든 시련은 혹독했던 겨울 내내 계속되었습니다.

그리고 외과의사 친구가 말했던 마음의 평정을 유지해야 하는 것은 아내에게 있어 아주 어려운 일이었습니다. 아내는 자주 녹초가 되어버리거나 깜짝 놀라곤 했습니다. 그 사랑스러운 아이는 우리 둘 다음으로 아내와 나의 가슴속 가장 가까이 자리잡고 있었던 것입니다. 그 깊은 근심의 영향은 곧 나타났습니다. 1789년의 봄이 다가오면서 아내의 병은 급속도로 악화되었습니다. 그녀의 통증은 거의 끊이질 않았고 자주 강한 통증이 나타났습니다. 그녀는 같은 자세로 한 시간 이상 침대에 누워 있을 수 없었습니다. 오오, 내 마음이 그 얼마나 괴로워했던지! 하지만 4월이 오고 자비롭게도 주님께서는 그녀의 통증을 덜어 주셨습니다. 그녀의 병은 수그러들었고 통증은 끝이 났습니다. 비록 그녀가 어느 때고 한 시간의 통증 없는 완전한 평안을 가진 적은 없다고 생각하지만, 그녀는 그때부터 그녀의 마지막 날까지 자신의 병의 한 부분이었던 그 괴로운 고통을 거의 느끼지 않았습니다.

여름이 끝나갈 무렵, 그녀는 사우스햄튼으로 갈 수 있었습니다. 그녀는 견딜 수 있을 만큼 나아서 돌아왔고 그녀가 집에 돌아온 후 첫 번째 주에는 교회에 두 번이나 나갈 수 있었습니다. 그 후 그녀는 약간의 운동과 바람도 쐴 겸해서 마차를 타는 것 이외에는 거의 밖에 나가지 않았습니다. 그녀는 명랑하고 마음이 편안했습니다. 그리고 완벽한 건강상태를 가진 대부분의 사람들만큼 잠을 잘잤습니다. 그녀는 친구들이 오게도 할 수 있었고 그들과 함께 좋은 시간을 보냈습니다.

나는 이 기간 동안에 몸이 아픈 사람들과 우리가 가지고 있었던 안락함을 가지지 않은 사람들을 동정하는 법을 배웠습니다. 우리의 괴로움은 적지 않았지만 우리는 어떤 식으로든 아내를 기운 나게 하거나 통증을 덜어 줄 수 있는 모든 것을 얻을 수 있었습니다. 우리에게는 밤낮으로 돌봐주고 도와주는 충성스럽고 애정이 넘치는 하인들이 있었습니다. 아무에게 동정도 받지 못하고 돌보아주지도 않고, 생필품도 없이 수척해 가는 사람들이 중병에 걸린다면 그 상황이 어떻겠습니까? 나는 이전까지와는 달리, 내가 불평을 늘어놓기보다는 감사드릴 이유가 훨씬 더 많다는 것을 깨달았습니다.

약 1년 동안 그녀는 생기가 넘쳤습니다. 그리고 그녀의 인내는 우리 모두에게 있어서 모범이 되었습니다. 그녀의 성질은 쾌활했고 그녀가 하는 말은 유쾌한 것이었습니다. 종종 그녀의 활기찬 대화는 우리들로 하여금 미소를 짓게 했습니다. 비록 우리의 눈에는 사랑과 동정의 눈물이 글썽이고 있었지만 말입니다.

하지만 하루 동안 그녀가 하는 작은 일이 무엇이든지 간에, 그녀는 그날의 성경 분량을 다 읽기 전에는 아무것도 하지 않곤 했습니다. 나는 지금도 그녀의 성경을 가지고 있는데, 처음부터 끝까지 거의 모든 주요한 부분에는 그 가장자리가 연필로 쓴 그녀의 글씨로 표시되어 있습니다. 좋은 하나님의 말씀은 그녀가 읽기를 하는 동안 훌륭한 약과 음식이 되어 주었습니다. 그녀는 또한 와트 박사의 〈시편과 찬송, *Psalms and Hymns*〉, 그리고 〈올니 찬송가집, *Olney Hymns*〉도 같은 식으로 다 읽었습니다. 그녀가 읽었던 책들 중 한 군데나 두 군데 또는 그 이상의 구절이 표시되어 있지 않은 책이 거의 없었고, 많은 책들 - 그녀가 더 자주 읽었던 책들이라고 생각합니다 - 의 모든 부분이 다 표시가 되어 있습니다.

그후 한 가지 다른 일이 일어나 문제를 더 악화시켰습니다. 자신이 얼마나 잘 걸을 수 있는지를 보여 주기 위해 그녀의 소파에서 침실까지 걸어가는 것은 그녀의 습관이었습니다. 분명 그녀는 나를 기운나게 하려고 그랬던 겁니다. 하지만 주님께서는 그녀의 척추에 영향을 끼칠 탈구를 허락하셨고 그녀는 움직일 수 없게 되어 버렸습니다. 나머지 우리들 중 어느 누구에게라도 그녀를 옮기는 것은 심히 어려운 일이었습니다. 그녀를 침대의 한 쪽으로부터 다른 한 쪽으로 옮기는 데에는 우리들 다섯 명이 거의 두 시간을 들여야 했습니다. 때때로 이것도 여의치 않았고 할 수 없이 그녀는 한 장소에 일주일 이상 누워 있어야만 했습니다.

나는 이 모든 것들이 나 때문에 필요한 일이었는지 의구심을 가졌습니다. 주님이 내게 오실 수 있도록 이 일을 그녀에게 일어나게 하셨나 하는 생각들 말입니다. 그 징계는 어떤 목소리를 가지고 있었고 그것은 주님의 목소리였습니다. 나는 그 의미를 마치 주님께서 하늘로부터 직접 들리도록 말씀하신 것처럼 이해했습니다. 그리고 주님은 이렇게 말씀하셨습니다.

"이제 네가 우상으로 삼았던 것을 깊이 생각해 보아라. 이제 그녀가 무엇이었는지를 바로 보아라. 너는 감히 그녀를 나보다 더 좋아 했느니라!"

하지만 나는 주님이 복수심을 품으시는 분이 아니라는 것을 알고 있었습니다.

나는 그녀에게 상냥함과 인내를 주었습니다. 내가 그녀에게, "당신은 대단한 고통을 겪고 있구려." 하고 말하면 그녀는 이렇게 대답하곤 했습니다.

"그래요 나는 고통을 겪고 있어요. 하지만 대단할 정도는 아니랍니다."

그리고 그녀는 비록 몸을 움직일 순 없어도 여전히 두 손은 움직일 수 있음에 대한 감사를 드리곤 했습니다.

그녀가 이 세상에서 생각하고 있었던 마지막 염려들 중의 하나는 우리의 가까운 친구이자 후원인인 존 쏜튼이 죽었을 때였습니다. 아내는 지구상의 그 어느 사람보다도 그를 존경했습니다. 우리만큼 그와 가까웠고, 우리만큼 그에게 고마움을 느끼고 있었던 사람은 없었습니다. 그녀는 이미 그가 병에 걸린 사실을 알고 있었습니다. 하지만 나는 그의 병세에 대해서 아내에게 이야기하지 않고 있었습니다. 나는 그녀가 그것 때문에 더욱 심란하게 되는 것을 원치 않았고 그녀는 차마 그것을 물어보기가 두려웠던 것입니다.

그의 장례식에 참석하기 위해 떠날 때, 나는 그녀에게 내가 어디로 가는지 이야기해야 했습니다. 네다섯 시간 동안 떠나 있을 것이기 때문이었습니다. 그러나 내가 돌아올 때 그녀는 살아 있을지도 기대할 수 없을 만큼 병세가 악화되어 있을 것입니다.

그녀는 온 마음을 다해 대답했습니다,

"꼭 가세요. 아무리 생각해도 난 당신을 내 곁에 머물게 두지 않을 것 같네요."

나는 그들이 내게 준 장례식 반지를 가지고 와서 그녀의 손에 쥐어 주었습니다. 그녀는 눈물을 흘리며 처음에 그것을 그녀의 입술에 갖다 대었고 다음에는 그녀의 눈에 대었습니다. 그가 죽고 그녀는 한 달 이상을 더 살았습니다.

그녀의 머리는 그녀가 앓고 있는 병의 가장 큰 영향을 받고 있었습니다. 그녀는 양탄자 위를 밟는 가장 부드러운 발자국 소리도, 가장 부드러운 음성도 견디지 못했습니다. 나는 가만히 앉아서 그녀를 바라보는 것밖에 더 이상 무엇도 할 수 없었습니다. 12월 12일 주일날, 아침에 내가 교회갈 준비를 하고 있었을 때, 그녀는 사람을 보내 나를 불렀습니다. 그리고 우리는 마지막 작별인사를 고했습니다. 그녀는 나를 부르는 몇 가지 애정어린 이름 중 하나를 희미한 목소리로 불렀습니다. 그녀는 나에게 그녀의 손을 건네주었고 나는 그녀 곁에서 그녀를 위해 기도하는 동안 그 손을 꼭 잡고 있었습니다. 우리는 서로 눈물을 주고받았지만, 나는 그녀처럼 아무런 말도 할 수 없었습니다.

나는 잠시 후 정신을 추슬러 말했습니다.

"만일 당신의 마음이 평화로운 상태라면, 당신이 손을 올려 표현해 주면 내게 위안이 될 것이오."

그녀는 손을 들어올려 앞뒤로 몇 번을 흔들었습니다.

그날 저녁 그녀는 말할 수도, 볼 수도, 그리고 - 내가 믿기에 - 들을 수도 없게 되었습니다. 그녀는 불안정과 고통의 아무런 징후도 보여 주지 않고 수요일 저녁 7시경까지 조용히 그곳에 누워 있었습니다. 그때 그녀는 아주 힘들게 숨을 쉬기 시작했습니다. 그녀의 숨소리는 끙끙거리는 신음소리라고 부를 수 있었을 것입니다. 집안 곳곳 어디에서도 그 소리를 들을 수 있었기 때문입니다. 하지만 그녀는 평온한 얼굴로 마치 조용히 잠을 자는 것같이 아주 잠잠히 누워 있었습니다. 움찔하거나 몸을 버둥거리지도 않았고 얼굴 어느 부분 하나 움츠리지도 않았습니다.

나는 그녀의 침대 곁에 자리를 잡고 거의 세 시간 동안 그녀를 바라보았습니다. 나는 내 손에 촛불을 들고 1790년 12월 15일 저녁 10시가 되기 조금 전, 그녀가 마지막 숨을 쉬는 것을 볼 때까지 그녀의 곁에 앉아 있었습니다. 그녀가 세상을 떠났다는 것을 확신했을 때, 그녀의 반지를 벗겨서, 그녀가 내게 지시한 대로, 내 손가락에 꼈습니다. 그러고 나서 나는 방에 있었던 하인들과 함께 무릎을 꿇고, 주님께서 그녀를 고통으로부터 구하신 것과 하나님의 곁으로 그녀가 평온히 들어간 것에 대한 감사기도를 올렸습니다.

그녀가 죽기 전 약 두세 달 전, 내가 그 방에서 몇 번에 걸쳐 연결되지 않은 기도들을 올리며 왔다갔다 걸어다니고 있었을 때, 갑자기 어떤 생각이 아주 강렬하게 떠올랐습니다.

'슬픔이란 하염없이 그것에 빠져들게 되는 것이다. 우리 주님께서는 우리가 평안하게 지내기를 원하신다. 우리는 모든 힘을 다해서 슬픔에 대항해야 한다.'

나는 즉시 소리 내어 말했습니다.

"주여, 저의 심령은 참으로 무기력합니다. 하지만 저는 아무런 주저없이 당신께서 도와주시기를 바랍니다."

하나님의 약속은 신실한 것이므로 만일 내가 도움 받기를 원한다면 주님께서 기꺼이 나를 도와주실 것을 알고 있었습니다.

사랑하는 아내가 누워 있는 내내 나는 계속 이 비통한 문제를 생각했습니다. 나는 목사였고 많은 사람들은 내가 아내의 고통에 어떻게 대응하는지를 보기 위해 주시하고 있었습니다. 내가 위로했던 사람들에게 복음은 모든 악의 효과적인 치료제이고 가난한 사람들을 위한 완전한 공급이 된다고 말했었습니다. 괴로움을 겪고 있는 그리스도인들은 그들이 자기 의지와 무지에 탐닉할 때만 슬퍼지게 될 것입니다. 나는 종종 청중들에게 성도의 고난들은 영광의 훈장이고 다른 사람들에게 우리가 하나님 은혜의 선하심 속에 걷고 있음을 보여 줄 수 있는 기회를 주는 것이라고 설교했습니다.

나는 나의 참을성 없음과 불안함의 행동으로 내가 가르친 내용을 거스르지 않기를 매일 기도드렸습니다. 나는 내가 설교한 것을 실천하기를 원했습니다. 누군가가 내게 와서 엘리파스가 욥에게 했던 말을 하는 것을 원치 않았습니다.

『네 말이 쓰러져 가는 자를 붙들어 세웠고 네가 연약한 무릎에 힘을 주었도다. 그러나 이제 그 일이 네게 임하여 네가 기진하였고 그 일이 너를 치니 네가 고통을 당하는도다』(욥 4:4-5).

내가 기도를 드린 것은 잘한 일이었습니다. 내가 하늘에 계신 아버지께 도움을 받고 싶다고 말씀드린 그때부터, 내 마음은 그분을 신뢰하고 그분은 나를 진정으로 도와주셨습니다. 메리가 앓고 있던 모든 시간 동안, 나는 주어지는 예배에서 설교를 했고 목사로서의 의무를 다 수행했었습니다. 아무것도 모르는 사람이 나를 보았다면, 내 말로나 표정으로 내 아내가 그렇게 고통을 겪고 있음을 전혀 알아내지 못했을 것입니다. 주위의 많은 친구들은 아내의 오랜 병과 특히 그녀의 죽음이 나를 완전히 압도해 버리지는 않을까 걱정했습니다. 하지만 그런 일은 일어나지 않았습니다. 나는 심지어 그녀가 죽는 날에도 설교를 했습니다.

나는 그녀가 죽고 나서 상을 당한 사람은 슬퍼하고 애도해야 한다는 예의상의 규칙을 다 깨버렸다고 확신합니다. 어떤 사람들은 이것을 노골적인 죄보다도 더욱 심한 것으로 인식하기도 했습니다. 하지만 나는 집에 앉아서 나의 상실에 대한 생각에 빠지고 싶지 않았습니다. 아내가 죽던 바로 다음 날, 나는 나가서 몇몇 친구들을 방문하기도 했습니다. 그녀가 관 속에 누워 있는 동안에도 나는 세 번이나 설교를 했습니다.

내 친구들 중 몇몇은 내 설교를 대신 맡아 주겠다고 제안했습니다. 하지만 주님께서는 내게 육신과 정신의 힘을 주고 계셨으므로 나는 예배들을 다 인도하는 것이 나의 의무라고 생각했습니다. 그녀를 땅에 묻고 난 후, 나는 마치 그것이 다른 사람의 장례식인 양 더 특별한 감정도 없이 그녀의 장례식 설교를 했습니다. 나의 설교를 들어주는 많은 사람들이 나를 위한 하나님의 선하심을 보고 그들 자신의 고통으로부터 위안을 받기를 바랐습니다. 그 불길 속을 통과해 가는 것, 그래서 하나님 능력의 선하심과 신실함을 보여 줄 수 있다는 것은 가치있는 일이었습니다.

하나님의 말씀은 또한 나를 위로해 주셨습니다. 나는 전에 깨달았던 것을 다시 깨닫게 되었습니다. 그러나 이번은 좀더 분명한 것이었습니다. 나는 죄인으로서 아무런 권리도 가지고 있지 않았습니다. 그리고 믿음을 가진 그리스도인으로서 전혀 불평할 이유가 없었습니다. 주님은 내게 그녀를 빌려주셨고 그녀를 빌려주신 그분은 그분이 선택한 때에 그녀를 데려가실 권리를 가지고 계셨습니다. 내가 받을 자격이 있는 것을 주님께서 주셨다면 그분께서는 그녀가 처음 내 사람이 된 날 그녀를 데리고 가셨을 것입니다. 나는 단지 그녀와 그렇게 오랫동안 함께 지낼 수 있었음을 감사하게 여길 뿐이었습니다.

주님의 통치권은 그분의 무한한 지혜와 선하심과 연결되어 있습니다. 그럴 수는 없겠지만 만일 내가 그분의 계획에 조그만 부분이라도 변경시키는 것이 가능하다면, 단지 그것을 망쳐놓기만 할 수 있을 것입니다. 나는 정말 근시안적인 사람이었습니다 - 나만의 바람에 대한 가능한 결과들에 대해서 완전히 눈이 멀어 있었습니다. 나는 가치없는 인간이었을 뿐 아니라 나 혼자 힘으로 옳은 선택도 할 수 없었습니다. 그래서 하나님께서 몸소 나를 위해 선택을 해주신 것은 내게 엄청난 득이 되는 것이었습니다.

같은 해 뉴 저지에 있는 한 대학이 명예 신학박사 학위를 존 뉴턴에게 수여했고 그에게 학위를 보냈다. 그는 또한 그 자신에게 헌정 된 두 권짜리 책을 받았다. D.D.(Doctor of Divinity, 신학박사)라는 문자가 그의 이름에 붙어 있었다. 그는 답장을 써서 그것에 대해 고맙게 생각하지만, 결코 받아들이지 않을 그런 영예를 거두어 갈 것을 요청했다. 그는 말했다.

"나는 예정일과 맞지 않게 태어난 사람과 같습니다. 나는 이런 종류의 영예를 받고 싶지 않습니다. 그 대학이 나의 업적을 아무리 과대평가할지라도 그리고 아무리 그 존경을 표하고 싶다고 해도, 나는 내 자신이 어떤 사람인가를 잊어서는 안 됩니다. 내가 그것을 받아들이는 것은 자만이요 부적절한 일입니다."

뉴턴은 정기적으로 여름마다 시골에 있는 다른 친구들을 방문하기 위한 여행을 하곤 했다. 그리고 그들과 그들의 이웃들에게 그의 방문이 더욱 유익한 것이 되도록 아침저녁으로 조촐한 성경공부 모임을 개최하였다. 어떤 이들은 그 모임에 참석함으로써 그리스도의 구원의 지식으로 인도될 수 있었다. 그는 방에 들어갈 때마다 무언가 득이 되고 즐거움을 줄 수 있는 것을 전했다.

그의 친구들은 그가 그렇게 우아하게 늙어가는 것에 대해서 놀라면서도 기뻐했다. 비록 80세가 가까운 나이에다 시력과 청력도 거의 다 잃어버렸지만, 그는 여전히 그 이전의 활발함을 가지고 공중(公衆) 설교를 했다. 그의 기억력은 감퇴했지만, 그의 영적인 일들에 관한 판단력은 여전히 남아 있었다. 그는 이따금씩 우울해지는 이유가 늙어가기 때문이라고 설명하곤 했다. 하지만 그의 인지감각은 분명했고 그가 그렇게 오랫동안 가르친 진리에의 열정은 끊임없이 계속되었다. 주님의 구원을 보았던 시므온과 같이 그는 단지 평화롭게 떠나기를 기다리며 기도했다.

그가 80세가 되고 나서 그의 친구들 몇몇은 그가 공중(公衆) 목회활동을 너무 오래까지 연장하지 말아야 한다고 걱정을 했다. 설교에서 성경을 해석하는 그의 능력은 이전보다 떨어졌고 힘도 잃어버렸던 것이다. 그는 때때로 우울증을 겪었지만 여전히 하나님께서 그에게 가르쳐 주신 원칙들을 굳게 고수하고 있다고 증언했다.

누군가가 그에게 물었습니다.

"공중설교 문제는 더 이상 말할 수 없다는 것을 깨닫기 전에 당신의 역할이 다 끝났다고 생각하고 그만 멈추는 것이 가장 좋은 일이 아닐까요?"

그는 목소리를 높이며 대답했습니다.

"나는 멈출 수 없소. 뭐요? 늙은 아프리카 욕쟁이가 그가 말할 수 있는 동안 그것을 멈출 수 있을 것 같소?"

그의 마지막 설교는 1806년 10월에 있었는데, 그것은 트라팔가의 고아와 과부들을 돕기 위한 자금을 모금하는 설교였다.

뉴턴의 건강이 나빠지면서, 그의 친구들은 그가 때때로 그들을 알아보지 못한다는 것을 알게 되었다. 그의 시력과 청력과 기억력은 거의 상실되었던 것이다. 하지만 고통을 많이 느끼지는 않았기 때문에 대체적으로 그는 평온하고 명랑하게 보였다. 그리고 그렇게 쇠약해졌어도 자신의 신앙을 부인하지 않았다. 그 모든 것에도 그는 진리를 굳게 고수했다.

그의 기력은 점점 더 떨어져서 누구라도 그에게 질문을 하거나 그의 예전에 영민했던 몸의 기능을 일깨우려 하는 사람들에겐 그 일이 고통스러울 정도였다.

사람들은 그가 어떻게 세상을 떠났는지를 궁금해 한다. 그는 이렇게 말하곤 했다.

"내게 한 사람이 어떻게 떠났는지 말하지 말고 어떻게 살았는지를 말해 주십시오."

그가 죽기 약 한 달 전에 존은 말했다.

"죽어서 육신과 마음이 쇠하여 영원한 우리의 분깃과 우리 마음의 힘을 위해 하나님을 얻는 것은 정말 위대한 일입니다. 나는 내가 누구를 믿어왔는지 알고 있습니다. 그리고 주님께서 마지막 그 날까지 그분께 맡긴 그 믿음을 지켜 주실 수 있음을 믿습니다. 장차 의로운 재판관이신 주님께서 그 날 내게 주실 그 의의 면류관이 나를 위해 간직되어 있습니다."

후에 그는 자신의 질녀에게 이렇게 말했다.

"내가 묵상해 온 한 주제가 있단다.

" '하나님을 두려워하는 너희야, 다 와서 들으라. 그가 내 혼을 위하여 행하신 일을 내가 선포하리로다.'"

또 한번은 이렇게 말했다.

"나는 장차 더 많은 빛과, 더 많은 사랑과, 더 많은 자유를 희구합니다. 이제 시간의 섭리대로 눈을 감게 되면, 나는 더 나은 세상에서 눈을 뜰 것입니다. 전지전능하신 분의 날개 밑 그 그늘 아래에 산다는 것은 그 얼마나 대단한 일입니까? 나는 모든 육신이 가는 길을 갈 겁니다."

그리고 한 사람이, "주님은 자비로우십니다."라고 대답했을 때, 그는 이렇게 말했다.

"만일 그렇지 않다면, 어떻게 내가 감히 그분 앞에 설 수 있겠습니까?"

그가 죽기 전 수요일 날, 마음이 편안하냐는 질문을 받았을 때 그는 대답했다.

"나는 하나님의 뜻에 만족합니다."

존은 죽는 마지막 순간까지 분별력을 잃지 않은 것 같았다. 그는 1807년 12월 21일 운명했다. 그리고 열흘 후 그의 교회 지하에 묻혔다.

그는 유산을 집행하는 사람들에게 이러한 지시를 남겼다.

"만일 창고 문 근처에 대리석판으로 나를 위한 묘비가 세워진다면, 다음과 같은 요지가 될 것을 제안합니다.

목사 존 뉴턴
한때, 이단자이자 방탕한 인간이었고
아프리카에선 노예들의 하인이었으나
우리 구주 예수 그리스도의 풍성한 은혜로
보호받고, 회복되고, 용서받았으며
그리고 그가 그리도 오랫동안 파괴하려고
노력했던 그 믿음을
벅스의 올니에서 거의 16년을
이 교회에서 27년을
설교하도록 임명되었다.
1750년 2월 1일 그는
켄트 챗햄의 조지 케틀렛의 딸
메리와 결혼하였다.
1790년 12월 15일
그는 그녀를 주신 주님께 그녀를 드렸다.

그리고 나는 이 문구 이외에는 나를 위해 다른 어떠한 기념비나 명문도 만들지 않기를 간절히 바랍니다."

다음은 1803년 6월 13일 날짜로 된 그의 유언장 처음 부분의 사본이다.

하나님의 이름으로 아멘, 런던 콜맨 스트리트, 세인트 스티븐 교구의 콜맨 스트리트 빌딩즈에 사는 목사 존 뉴턴은, 양호한 건강상태와 분별력있는 정신, 건전한 기억력과 이해력을 가질 수 있게 하신 하나님의 은총을 통해, 비록 내 나이 78세이지만 내 세속적인 문제들의 정리와 나에게 주시는 하나님의 선하신 섭리 안에서 그분을 기쁘게 해드렸던 현세의 자산의 처리를 위해, 내 마지막 유언과 유언장을 다음과 같이 작성하는 바이다.

나는 나의 영혼을 내 은혜로우신 구원자 하나님께 맡깁니다. 그분께서는 내가 배교자, 신성모독자, 그리고 방탕아였을 때 자비롭게도 구해 주시고 지켜 주셨으며 내 고집스런 사악함으로 빠져들게 되었던 아프리카 해안에서의 비참한 상태로부터 구원해 주셨습니다. 그리고 주께서는 지극히 가치없는 인간이었던 나를 기꺼이 그분의 영광스러운 복음을 설교하게 해주셨습니다. 나는 하나님께서 내 인생의 불확실한 남은 시간 동안 나를 지켜 주시고 이끌어주셔서 그분의 하늘 나라에 들어가도록 허락해 주실 것을 믿으며, 종종 내가 다른 사람들에게 한 죄인이 그의 희망을 세울 수 있는 유일한 기반이라고 말했던, 하나님이시자 인자이셨던 주 예수 그리스도의 속죄와 중보를 겸허한 확신을 가지고 의지합니다.

나는 내 시신이 울노스, 세인트 메리 교구 교회의 지하에 묻혔으면 합니다. - 먼저 떠나간 내 사랑하는 아내와 질녀 엘리자베스 커닝엄의 곁에 - 그리고 내 장례식은 양식에 어긋나지 않을 정도에서 최소한의 비용으로 치러지기를 간절히 바랍니다.

세실(R. Cecil) 목사의 글을 요약함

부 록

존 뉴턴의 어록

- 허물 없는 대화 중에 존 뉴턴이 했던 말들

"한 그리스도인이 세상으로 나가는 것을 그의 소명으로 보고 그렇게 할 때, 그가 그것을 또한 자신의 십자가라고 보는 한, 그것은 그를 다치게 하지 않을 것입니다. 사탄은 큰 유혹으로는 그리스도인에게 잘 다가오지 않습니다. 건조되지 않은 통나무와 촛불은 함께 두어도 안전할지 모릅니다. 하지만 몇 조각의 부스러기를 가지고 오고 나서 작은 나뭇가지를, 그 다음에 더 큰 가지들을 가지고 온다면 당신은 곧 그 건조되지 않은 통나무를 재로 만들게 될 것입니다."

"만일 두 천사들이 신성한 명령을 수행하기 위해 하늘로부터 보내진다면 - 한 천사는 어떤 제국을 다스리고 다른 천사는 그 제국의 거리를 청소하는 일을 맡았다면 - 그들은 자신들이 하는 그 일을 바꿀 생각을 전혀 하지 않을 것입니다."

"어떤 사람들이 하나님의 섭리에 의한 기회들이라고 부르는 것들은 종종 강력한 유혹들입니다. 사람의 마음이 방황하고 있을 때 이렇게 외칩니다. '여기 내 앞에 길이 열려 있구나.' 하지만 하나님의 뜻처럼 보이는 그 길이 당신이 거부해야 하고 아마도 가지 말아야 할 길일지도 모릅니다."

"한 그리스도인은 그가 영적이기 때문에 일을 하는 데 부주의하다는 말을 해서는 안 됩니다. 만일 그가 단지 구두닦이라도 그는 그 교구에서 최고가 되어야 할 것입니다."

"이단의 주장을 물리치기 위한 나의 주된 방법은 진실을 확립하는 것입니다. 만일 누군가가 독보리로 한 되를 채운다면, 나는 그의 시도를 맨 먼저 알곡으로 채움으로써 물리칠 것입니다."

"많은 사람들이 악의 기원에 대해서 혼란스러워합니다. 그러나 나는 악이 있고 그것에서 벗어날 수 있는 방법이 있음을 알고 있으며, 이것으로써 나는 시작하고 끝을 맺습니다."

"규례에 따라 성결케 된 기명들은 처음에는 피 뿌려지고 그 다음, 기름 부음을 받습니다. 그후 그것들은 더 이상 보통의 것들이 아닙니다. 따라서 복음 하에서 모든 그리스도인들은 세속적인 목적을 위한 하나의 용기였지만 일단 피 뿌려지고 기름 부어지게 되면 그는 하나님께로 분리되고 성별되어지게 됩니다."

"세상 속의 그리스도인은 오랫동안 친밀하게 알아왔던 어떤 사람이 결국에는 그의 자애로운 아버지의 살인자라는 것을 깨닫게 된 사람과 같습니다. 이 일 후에 그 친밀감은 반드시 깨어지게 될 것입니다."

"정직은 항상 부족한 경험에 많은 것을 가져다 줍니다. 나만의 안목을 형성하면서 나는 삼십 년을 보냈습니다. 그리고 이 시간 동안 나의 언덕 중 몇몇은 가라앉아 버렸고 내 계곡 중 몇몇은 솟아올랐습니다. 그러나 다른 사람 안에서 이 모든 것들이 고작 1년이나 2년 안에 다 일어나기를 기대한다는 것은 그 얼마나 불합리한 일이겠습니까?"

"나는 사람이 팔이나 다리가 하나 없어도 살 수 있다고 생각합니다. 하지만 머리나 심장이 없이 산다는 것은 상상도 할 수 없습니다. 그래서 생명의 신앙에도 없어서는 안 될 그런 진리들이 있습니다. 모든 깨어난 영혼들에게 가르쳐져야 할 진리들 말입니다."

"그리스도인은 자신의 유산을 곧 받게 되는 젊은 귀족과 같습니다. 처음에 그는 그의 밝은 미래의 전망에 매료되는데, 이것은 시간이 지나면서 점점 약해질지도 모르지만 그의 그 재산에 대해 느끼는 그 가치는 매일 더욱 커지게 됩니다."

"우리가 처음으로 그리스도인의 삶으로 들어갈 때, 우리는 부자가 될 것을 기대합니다. 하지만 하나님의 계획은 우리로 하여금 가난하게 느끼도록 만드시는 것입니다."

"내가 새롭게 목사직을 맡게 되었을 때, 한번은 초목으로 덮인 좁은 길을 걸어가면서 '두려워 말라, 바울아 이 성읍에 내 백성이 많으니라.'는 구절을 읽고 있었습니다. 그후, 곧 나는 바울은 존이 아니고 고린도는 워윅이 아니라는 것을 알고 실망하게 되었습니다."

"그리스도께서는 우리를 나타내시려 우리의 성품을 하늘 나라로 가지고 가셨고 그분을 나타내시려 그분의 성품과 함께 우리를 지상에 남겨 놓으셨습니다."

"세속적인 사람들은 그들의 원칙들에 충실할 것입니다. 그들이 그들의 원칙에 충실하듯이 만일 우리가 우리의 원칙들에 충실하다면, 파티를 오가는 일은 아주 짧아지거나 거의 가지도 않게 될 겁니다."

"이 세상에 사는 그리스도인은 빗속에서 일을 거래하는 사람과 같습니다. 그는 비가 내린다고 해서 갑자기 그의 고객을 떠나지 않을 것입니다. 하지만 그 일이 끝나는 그 순간 그는 떠나갑니다. 사도행전의 다음과 같은 말씀대로 말입니다. '풀려난 후에 동료에게 가서…'"

"하나님께서는 우리가 우리의 아이들을 다루듯이 우리를 다루십니다. 그분께서는 맨 처음 말씀을 하시고, 그 다음 가볍게 치시고, 그리고 마지막에는 강하게 때리십니다."

"한 죄인의 신앙은 두 개의 기둥 위에 서 있습니다. 즉 그리스도께서 그 죄인을 위해 그분의 육체에 하신 일과 그리스도의 영으로써 그 죄인의 안에서 행하시는 것을 말합니다. 대부분의 실수는 이 두 가지를 분리시키려는 시도에서 일어납니다."

"신약성경의 단어 '절제'는 억제를 의미합니다. 이것은 달리기 경주에 나가는 사람의 마음 상태인데 당연히 그는 그의 주머니를 납으로 채우는 일을 하지 않습니다."

“한 아이에게서 장난감을 빼앗고 그에게 다른 장난감을 줘 보십시오. 그러면 그 아이는 만족할 것입니다. 하지만 만일 그 아이가 배가 고프다면, 어떤 장난감도 소용없을 것입니다. 따라서 갓 태어난 아이들과 같이 진정한 믿음을 가진 사람이라면 말씀의 신실한 젖을 바라게 됩니다. 은총을 바라는 마음도 이와 같은 은총입니다.”

“달력에 나오는 위대한 성인들 중 많은 이들이 가난한(poor) 죄인이었다고 합니다. 그러자 내 아내가 이렇게 대답했습니다. ‘그들이 엄청난 죄인이라고 느끼지 않았다면 그들은 정말로 불쌍한(poor) 성인이었을 겁니다.’”

“주님께서는 쓸모 있는 목사의 입을 막으시면서 넓은 문을 열어 놓으시는, 우리가 이해할 수 없는 이유를 가지고 계십니다. 존 번연이 베드포드 감옥에서 말문이 막힌 채로 갇혀 있는 대신에 그곳에 계속 목사로 있으면서 설교를 했었다면, 그가 했던 훌륭한 일들의 반도 하지 못했을 것입니다.”

"값없이 주시는 은혜의 교리를 가지고 있는 교사들은 그들이 다른 이들의 생활에서 나타나는 결점들에 대해 분노를 느낄 때 종종 그들의 원리들과 일치하지 않는 행동을 하곤 합니다. 한 무리의 여행자들이 함정에 빠지고 그들 중 하나가 지나가는 사람으로 하여금 그를 끌어내도록 합니다. 이제 함정을 빠져 나온 그는 나머지 사람들이 함정에 떨어진 것이나 아직 자신처럼 함정을 벗어나지 않은 것에 대해서 화를 내어서는 안 됩니다. 왜냐하면 그 자신이 자신을 끌어낸 것이 아니기 때문입니다. 따라서 그들을 꾸짖는 대신에 그는 그들에게 연민의 감정을 보여야 합니다. 그가 그 구덩이로 다시 내려가서는 안 됩니다. 그러나 그는 함정을 벗어났으므로 얼마나 더 잘 그들을 도울 수 있는가를 보여 주어야 합니다. 우리는 우리의 종교 직업을 모든 다른 의무들을 상쇄시키기 위한 기회로 만들지 않도록 주의해야 합니다. 참으로 조명을 받은 사람은, 바디매오가 눈을 뜨고 나서 몽둥이를 들고 그가 만났던 모든 사람들을 때리지 않았듯이, 다른 사람들을 경멸하지 않을 것입니다."

"어떤 특정한 부탁에 있어서는 그것에 대해 거절하는 것이 완전한 은총입니다. 구두쇠는 만일 그가 기도가 금을 얻게 해 줄 것이라고 믿는다면 아주 열성적으로 그것을 얻게 해 달라고 기도할 것입니다. 하지만 만일 그리스도께서 그에게 도움을 주시고자 한다면, 그분께서는 그의 금을 앗아 가실 겁니다. 한 아이가 봄날 정원을 거닐다가 체리를 봅니다. 그 아이는 그것들이 좋은 과일이라는 것을 알고 그것을 달라고 합니다. 아버지는 이렇게 말합니다. '안 된단다. 얘야, 그것들은 아직 익지 않았단다. 다 익을 때까지 기다리렴.'"

"비록 내가 가진 여러 결함들로부터 즐거움을 얻지는 못하더라도, 나는 때때로 그 결함들이 주는 소득들을 느낄 수 있습니다. 나는 반역자를 용서해 주는 어떤 왕을 상상해 볼 수 있습니다. 그 왕은 그를 그의 가족으로 받아들이고 말합니다. '나는 네가 얼마 동안 쇠사슬을 매고 있도록 하리라. 어떤 때가 오면 나는 사자를 보내 그것을 벗어 버리라고 전할 것이다. 그 동안에 이 쇠사슬은 너에게 너의 처지를 상기시켜 줄 것이다. 아마도 이것은 너를 겸손하게 만들고 네가 방황하지 않게 할 것이다.'"

“나는 수많은 사악한 교황들에 대한 글을 읽었습니다. 하지만 내가 만나 본 최악의 교황은 바로 ‘자신’이라는 교황입니다.”

“많은 재산의 상속자는 그가 아이일 때, 그의 상속재산보다는 자기 주머니 속의 몇 센트를 더 중요하게 생각합니다. 그처럼 그리스도인도 영광에 이르는 그의 자격보다도 종종 어떤 사소한 기분으로 더 좋아합니다.”

“주머니에는 돈 한 푼 없지만, 나는 내가 한없이 부유한 누군가로부터 원하는 대로 얼마든지 돈을 찾아 쓸 수 있는 그런 사람이 된 것 같은 기분이 듭니다. 따라서 나는, 거지이기도 하면서 부자이기도 합니다.”

“때때로 나는 한 해가 지나면서 우리가 겪어야 하는 문제들을 너무 많아서 들 수도 없는 엄청난 양의 막대기들의 묶음에 비유하곤 합니다. 하지만 주님께서는 우리들에게 그 묶음 전체를 한 번에 나를 것을 요구하시지 않습니다. 주님은 자비하시게도 그 묶음을 하나로 만드시고 오늘 날라야 하는 막대기 하나만을 주십니다. 내일은 또 우리가 날라야 할 다른 막대기를 주시고 그 다음 날은 또 다른 막대기 하나를 주시는 겁니다. 만일 그날그날 주어진 짐만 떠맡는다면 그것을 수월하게 나를 수 있을 것입니다. 하지만 우리들은 어제의 막대기를 다시 나르고 내일의 짐을 그때가 되기도 전에 오늘 지고 갈 짐에 더함으로써, 문제들이 늘어나도록 자초합니다."

예수 그 이름

- 솔로몬의 노래 1장 3절

예수 그 이름 얼마나 달콤한지
믿는 이의 귓가에.
그의 슬픔 위로하시고
그의 상처 치료하시며
그의 두려움 아주 멀리 몰아내시네.

그 이름 상처입은 영혼 온전케 하시고
방황하는 가슴에 평온 주시네.
그 이름 허기진 영혼의 만나요
지친 자들의 휴식되시네.

사랑하는 그 이름
내 든든한 반석이요
내 방패, 나의 피난처
한없는 은총으로 가득 채워진

언제나 변함없는 나의 보물창고

비록 죄로 더럽혀졌어도
당신 의지하면
내 기도 들어주시네.
사탄은 나를 헛되이 고소하나
나는 그분의 자녀라네.

예수! 나의 목자, 신랑, 친구시여
나의 선지자, 제사장, 그리고 왕이시여
나의 주요, 나의 삶이요
나의 길이요, 나의 마지막이시여
내가 드리는 찬송을 받으소서.

내 마음의 노력은 미약하고
나의 가장 따뜻한 생각은
한없이 차갑지만
주님 그대로의 모습을 내가 볼 때,

나는 내가 그리해야 하듯
당신을 찬송하겠네.

그때까지 나는 당신의 사랑을 선포하리라,
매순간 덧없이 사라지는 이 숨결로써
그리고 당신의 이름, 그 아름다운 음악이
죽음에서 내 영혼을 새롭게 하기를!

존 뉴턴